# 日蓮百話

*The 100 Stories of NICHIREN*

*Takahashi Isao*

高橋勇夫

東方出版

# はじめに

日蓮聖人第七百遠忌を迎えたこの年、日蓮聖人の御遺文から百話をえらんで拙いながらも解説の一書を書きあげられたことを何よりの幸せと思っている。

島根県の片田舎に生まれ、七歳で出家、迂余曲折を経て、日蓮本宗本山要法寺の貫首となった亡き父日誨上人と、大阪市北区天満の蓮興寺檀家総代の娘として生まれ、内助の功顕著だった亡き母しなの両親に何よりの報恩追孝と思っている。

ともかくもこの一書は、御遺文をして御遺文を語らせる、という日蓮聖人に密着した方針で書きあげた。世に多くの御遺文の一節をとりあげた解説書はあるが、それはそれなりに意義があるとしても、きわめて恣意な解釈が目立つ。それがどんな時に、どんな人に、どうした事情のもとで述べられたか、ということをよそに、勝手な解釈がなされていることが多い。私はその言葉が、誰に、どうした事情で語られているかをまず明らかにした上で解説をこころみた。

ひろくみなさんにわかっていただきたい、という一念から、時には私なりの解釈での現代文になおし、また時には御遺文の仮名をすっかり漢字におきかえたり、現代仮名づかいに直したり、その場その場でそれなりにいろいろ工夫を試みた。

また数多い参考書のお世話になったが、なかでも平楽寺書店版『日蓮聖人遺文全集講義』並びに日本仏書刊行会版『日蓮聖人御遺文講義』は大いに依用するところがあった。

昭和十六年、今は亡き坂本幸男先生を指導教授とし「大乗止観法門撰者の研究」（「仏教研究」第六巻四号所載）を卒業論文として仏教学部を卒業して今年で満四十年、教員生活の雑務に追われて研究らしい研究も出来なかったが、昭和五十二年四月短期大学に籍が移って以来微力ながら努力をつづけている。そしてさきの『法華百話』につづいて今、日蓮聖人遺文百話をまとめあげて、ふるさとへ帰った思いである。

しかし日蓮教学も、第一線の学者たちの努力にもかかわらず、新しい時代に即応するためには今後大きな問題をかかえている。

第一は遺文の文献学的研究である。そして第二は、現代の仏教学的研究に耐え得る日蓮教学の建設であり、第三は、何よりも一九八〇年代に於いて立正安国とは何か、ということの徹底的探求と実践ではないかと思う。

今日私は満六十一歳の誕生日を迎えた。満年齢ではあるが「六十一歳」という日蓮聖人がその死身弘法の生涯を閉じられた年齢である。この一書を足がかりに、私なりの新しい努力を仏祖三宝のみ前にお誓いするものである。

（昭和五十六年三月十一日朝）

●遺文の配列は『昭和定本日蓮聖人遺文』に準拠した。
●本文中の頁数は、特に示すもののほか、『昭和定本日蓮聖人遺文』の頁数をさす。

## ○本書執筆参考文献


- 日蓮聖人遺文全集講義（日蓮聖人遺文全集講義刊行会編　平楽寺書店・ピタカ）
- 日蓮聖人御遺文講義（日蓮聖人六百五十遠忌報恩記念会編集　日本仏書刊行会）
- 望月・仏教大辞典（望月信亨編　世界聖典刊行会）
- 本化聖典大辞林（田中智学監修　師子王文庫）
- 仏教語大辞典（中村元著　東京書籍）
- コンサイス・仏教辞典（宇井伯寿監修　大東出版）
- 日蓮大聖人・御書辞典（創価学会教学部編　創価学会）
- 法華経（坂本幸男・岩本裕訳注　岩波文庫三冊）
- 法華三部経章句索引（真読・兜木正亨編　佼成出版）
- 日蓮（戸頃重基・高木豊編　岩波・日本思想大系14）
- 親鸞集・日蓮集（兜木正亨・新間進一校注　岩波・日本古典文学大系82）
- 日蓮主義聖語録（中川日史著　平楽寺書店）
- 法華経講義（織田得能　東方出版）

●録内啓蒙上・下
●日蓮（紀野一義著　日本の名著）
●日蓮（田村芳朗著　ＮＨＫブックス）
●日蓮とその門弟（高木豊著　弘文堂）
●日蓮（高木豊著　評論社）
●講座日蓮、五冊（宮崎英修・田村芳朗編　春秋社）
●日蓮聖人と諸人供養（中村錬敬著　平楽寺書店）
●日蓮のことば（渡辺宝陽著　雄山閣）
●日蓮聖人名言集（日蓮宗現代宗教研究所編　隆文館）
●日蓮の伝記と思想（日蓮宗現代宗教研究所編　隆文館）
●日蓮の旅（新月通正著　朝日ソノラマ）
●日本国語大辞典（日本大辞典刊行会編　小学館）

（ほか大正新脩大蔵経・国訳一切経を散見）

本書は『日蓮聖人遺文百話』を改題したものである。

# 目次

はじめに

# 日蓮百話

① 世《よ》皆正《みなせい》に背《そむ》き、人《ひと》悉《ことごと》く悪《あく》に帰《き》す。故《ゆえ》に善神国《ぜんしんくに》を捨《す》てて相去《あいさ》り、聖人所《しょうにんところ》を辞《じ》して還《かえ》らず。

（原漢文、立正安国論、二〇九頁）

日蓮聖人は文応元年（一二六〇）七月十六日、宿屋光則《やどやみつのり》を通じて北条時頼《ほうじようときより》に上奏した。すなわち立正安国論である。聖人はすでにそれに先立って「守護国家論《しゅごこっかろん》」「災難興起由来《さいなんこうきゆらい》」「災難対治鈔《さいなんたいじしょう》」をあらわして、法然浄土教を徹底批判し、正法を謗《そし》るもの（謗法《ほうぼう》）とした。そしてその謗法を退治するには政治という力が必要であることを力説しておられる。そしてそれらの主張を背景に、正嘉元年（一二五七）から正元元年（一二五九）にわたって打ちつづいた地震・暴風・飢饉・疫病の原因を、「金光明経《こんこうみょうきょう》」「大集経《だいしっきょう》」「仁王経《にんのうぎょう》」「薬師経《やくしきょう》」等の文にかんがみ、「善神が国を捨てた」（善神捨国《ぜんしんしゃこく》）ことにあると指摘されたのである。

鎌倉幕府の歴史書である「吾妻鏡《あずまかがみ》」には、「正嘉元年八月廿三日、大地震あり。神社、仏閣一つとして完全な姿のものはなかった。山はくずれ、人家は倒れ、垣根はことごとくこわれた。所々で大地が裂けて水が湧き出し、ところによっては大地の裂け目から火炎が吹き出した」とある。当時の様子が想像される。以下暴風・飢饉・疫病についての記述もその規模がいかに大きかったかを語っている。

だから日蓮聖人は立正安国論の冒頭で、

「近年より近日にいたるまで、天変地異《てんぺんちい》・飢饉《ききん》・疫病《えきれい》、あまねく天下に満ち、ひろく地上にはびこる。牛馬巷《ちまた》にたおれ、骸骨路《がいこつみち》にみち、死せる者すでに大半をこえ、これを悲しまぬ者あえて一人もない」（紀野一義訳）

と述べられているのである。社会不安は深刻であった。なぜこうした天災があいつぐのか、心あるものは誰しもが抱く疑問であった。日蓮聖人は今いちどその原因を経典に求めるべく実相寺《じっそうじ》（富士市岩本）の一切経蔵に入った。そしてその結論が立正安国論であり、また第一回の国家諫《かん》暁《ぎょう》となったのである。

大乗仏教がインドに於いて起った理由は、それまでの個人の救済に終始する立場（二乗根性《にじょうこんじょう》）を脱皮《だっぴ》して社会環境の浄化、すなわち国土の成仏を優先するところにあった。だから「立正安国」という論題の拠《よ》りどころも、

「それ国は法によって昌《さか》え、法は人によって貴《たっと》し、国亡《ほろ》び人滅せば、仏を誰か崇《あが》むべき、法をば誰か信ずべき、まず国家を祈って須《すべか》らく仏法を立つべし」（立正安国論、二二〇頁）というところにあった。

そしてまた「さまざまな自然現象や社会現象の奥に、それをそうさせているもののあること、そして、そうさせているものを、まさにそうさせているのは、人の心であるとするのは中世人の思惟《しゅい》の特色の一つである」（高木豊）ということも銘記されねばなるまい。

〇

では一九八〇年代の私はこれをどう読むべきであろうか。

イラン・イラクの戦火は長びき、ヴェトナム難民の救済ははかどらず、そして核兵器の増産、かと思うとアフリカの飢餓《きが》と、地上の真の平和はほど遠く、ふりかえって我が国の現状はまれにみる豊かさと自由の表相《ひょうそう》のもと、兇悪な犯罪、非行の低年齢化、公害問題と道義は頽廃《たいはい》しつつある。今、立正安国論を書くとすれば、冒頭まずこの世相をあげなければなるまい。俗な言い方だが「物で栄えて、心で亡ぶ」と言われてもいたしかたない現状である。

永遠なるものをしっかりと見つめて、今日を生きる。そうした視点が見失われてしまっているのである。

② 汝《なんじ》早《はや》く信仰《しんこう》の寸心《すんしん》を改《あらた》めて速《すみ》やかに実乗《じつじょう》の一善《いちぜん》に帰《き》せよ。

（原漢文・立正安国論、二二六頁）

立正安国論は九の主客の問答と、最後に客の領解《りょうげ》とからなる。諸々の経文を引いて謗法《ほうぼう》が堕地《だじ》獄《ごく》の因であることをくりかえし強調し、釈尊出世の本懐《ほんがい》である正法・法華経に帰依すべきことを教えている。そしてその主人の最後の言葉の一節が、ここにあげた文である。

「広くもろもろの経典を披《ひら》き見るに、もっぱら謗法《ほうぼう》の罪を重しとする。悲しいかな、みな、正法の門を出でてふかく邪法の獄屋に入るのである。愚かなるかな、おのおのが悪教の網にかかり、とこしえに正法を謗《そし》る網にまつわられ、心の迷いがその身を地獄の炎《ほのお》の底に沈《しず》める。愁《うれ》えずにいられようか。苦しまずにいられようか。貴殿は、はやく信仰の心を改めて、すみやかに実大乗《じつだいじょう》たる法華の一善に帰依しなさい。そうすれば三界はみな仏国となる。仏国がどうしておとろえよう。十方はことごとく宝土《ほうど》である。宝土がどうして壊《こわ》れようか。国に衰微《すいび》なく、国土に破壊《はえ》がないならば、身はこれ安全であって、心は禅定《ぜんじょう》を得よう。この詞《ことば》、この言、信ずべくあがむべきである。」（紀野一義訳）

法華経方便品に「仏は一大事因縁《いちだいじいんねん》のために世に出現したもう」とし、一大事因縁とは、衆生を仏知見《ぶっちけん》に開《かい》・示《じ》・悟《ご》・入《にゅう》せしめることであると示されている。これまで声聞《しょうもん》・縁覚《えんがく》（二乗）の徒は、阿羅漢《あらかん》のさとりをもって満足し、仏のさとりを得ることは望むべくもないとあきらめていた。この人たちに対して、仏のさとりに入らしめることが宣言されたのである。「ただ一乗の法のみあって、二もなく、また三もなし」と教えられる。一乗とは仏になる道、一仏乗である。二乗・三乗はただ方便のために説いたにすぎない。ここに法華経の諸経にすぐれた大いなる特色があるのである。この一仏乗こそ、今ここに言う「実乗《じつじょう》」なのである。その実乗たる法華の信仰によって、人々をして「現世では安穏なる境涯となり、未来世にも必ず善処《ぜんしょ》に生まれ妙法を受持することが出来る」（現世安穏後生善処《げんぜあんのんごしょうぜんしょ》）という大理想を実現せしめる、唯一根本の大善であるが故に「一善《いちぜん》」というのである。

「如説修行鈔《によせつしゅぎょうしょう》」（七三三頁）に言う、

「天下万民諸乗一仏乗《しょじょういちぶつじょう》となって、妙法ひとり繁昌するであろうとき、万民一同に南無妙法蓮華経と唱《とな》えたてまつるならば、吹く風も枝をならさず、雨は大地を砕《くだ》かぬ。代《よ》はさながら伏義《ふくぎ》・神農《しんのう》の世《よ》となり、今生《こんじょう》には不祥《ふしょう》の災難をはらい、長生《ちょうせい》の術を得、人や国の上に不老不死の道理のあらわれるであろう時を、おのおのごらんあれ。これこそ現世安穏《ぜんぜあんのん》の証文、疑いあってはならぬのである」（紀野一義訳）と。

また「法華宗内証仏法血脈《ほっけしゅうないしょうぶっぽうけちみゃく》」（六九四頁）には、

「末法の今日において、法華経のあるところ、法華経の行者のあるところ、法華経を信ずる道俗男女貴賤上下のあるところ、皆これ寂光浄土《じゃっこうじょうど》である。その人たちの住むところが既に浄土であってみれば、住む人々がどうして仏でないことがあろうか。文句《もんく》の記《き》の九に言う。持たれる法が妙であるからそれを持《たも》つ人が貴《とうと》く、持《たも》つ人が貴いからその人の住むところが貴い、とあるのはこのことである」とある。

正法、法華経の受持による浄仏国土《じょうぶつこくど》の理想に向かってのお互いの信心でなければならない。

## ③ 懺悔《さんげ》すれども懺悔《さんげ》の後《あと》に重《かさ》ねて此罪《このつみ》を作《つく》れば後《のち》の懺悔《さんげ》には此罪《このつみ》きえがたし。

（顕謗法鈔《けんほうぼうしょう》、二四八頁）

顕謗法鈔はかつて身延に真蹟があったが今はない。その撰述の時期について若干の異説があるが、教・機・時・国・序の五義が述べられてあり、「教機時国鈔《きようきじこくしよう》」と同じく伊豆流罪中、弘長二年（一二六二）の作とするのが一般である。

顕謗法鈔は八大地獄の様相を説き、無間地獄《むげんじごく》の業因《ごういん》は五逆罪《ごぎやくざい》より謗法《ほうぼう》の罪が重いとし、この法華経を誹謗《ひぼう》することこそ謗法《ほうぼう》であるとし、最後に仏教を弘むるものは、教機時国序の五義を心得ねばならぬことを説かれている。なかで八大地獄のうち、最初の等活地獄《とうかつじごく》について述べられた一節がここにあげた一文である。

話は一転する。八万四千と俗に言われる数多い仏教経典のなかで、最も古く成立したと考えられる「スッタニパータ」（岩波文庫「ブッダのことば」解説参照）に、修業僧コーカーリヤがサーリプッタ（舎利弗《しやりほつ》）やモッガラーナ（目連《もくれん》）をあしざまにそしったために紅蓮地獄《ぐれんじごく》におちる話があり、その地獄の様相が述べられている（六五七節—六七八節）。また同じく古い経典の一つ「ダンマパダ」（法句経・岩波文庫「真理のことば・感興のことば」）第二二章にも地獄について説き及んでいる。

地獄の思想は仏教と共に古い。それらの地獄の思想を集大成したものが、平安時代の天台僧、恵心僧都源信《えしんそうずげんしん》（九四二—一〇一七）の「往生要集《おうじょうようしゅう》」である。顕謗法鈔の地獄の記述もまたこの往生要集に拠《よ》っている。

八大地獄という。長阿含経《じょうあごんぎょう》によれば地下一〇〇〇由旬《ゆじゅん》に等活地獄《とうかつじごく》があり、その下に順次に地獄がかさなって存在するという。八大地獄のそれぞれには十六小地獄があり、あわせて一二八地獄。八大地獄とあわせて一三六地獄がある。

1、等活地獄《とうかつじごく》、獄卒《ごくそつ》に身を斬《き》られ砕《くだ》かれても、すぐ前と等しく復活してさらに責められる。

2、黒縄地獄《こくじょうじごく》、黒い熱鉄の縄で身を秤量《ひんりょう》し、それにそって斬られ、あるいは鋸《のこぎり》でひかれる。

3、衆合地獄《しゅうごうじごく》、多くの罪人が左右の山にはさまれて砕《くだ》ける。

4、叫喚地獄《きょうかんじごく》、種々の苦しみに叫《さけ》び喚《わめ》く。

5、大叫喚地獄《だいきょうかんじごく》、さらに大きな苦しみに叫び喚く。

6、焦熱地獄《しょうねつじごく》、常に火炎にさらされ、身を焼かれる。
7、大焦熱地獄《だいしょうねつじごく》、さらに極熱《ごくねつ》で焼かれ焦《こ》げる。
8、無間地獄《むげんじごく》（阿鼻地獄《あびじごく》ともいう）間断なく苦を受ける。
というのである。

今ここでは、等活地獄について述べられた個所だが、この地獄は殺生罪《せっしょうざい》を犯したものの落ちる地獄である。しかしここで「懺悔《さんげ》」ということが大きな意味を持つ。小さな虫の生命を断った者でも、ああ可哀想なことをした、二度とやるまいと自身の行為を反省し悔い改めればよいが、そうでなければこの地獄におちる。しかし一度懺悔《さんげ》しても、懺悔したのちにこの罪を重ねれば、いくらあとで懺悔してもこの罪は消えない、というのである。

懺悔ということについては、後に「光日房御書」の文について述べる時にふれよう。

④ 心《こころ》あらん人は後世《ごせ》をこそ思《おも》いさだむべきにて候《そうら》へ。

（南条兵衛七郎殿御書《なんじょうひょうえひちろうどのごしょ》、三一九頁）

南条兵衛七郎は、北条時頼の近習で、駿河国富士郡上野郷《するがのくにふじぐんうえのごう》（今の大宮町の北、二里）を知行《ちぎょう》していた。文応、弘長のころ、日蓮聖人の教化に浴し、念仏を捨て、一族法華経の信仰に励んだ。兵衛七郎の死後（文永二年）、その子次郎時光《じろうときみつ》ら身延在住の聖人に給仕、上野南条一族に賜った消息は五十五篇の多きを数える。この書は時光の父、兵衛七郎に与えられたもので、真蹟断簡が七か所に分散現存する。

この書は文永元年（一二六四）日蓮聖人四十三歳の十二月十三日、小松原法難の一か月あと、房総方面におられて、南条兵衛七郎大病の由を聞かれ、慰問《いもん》と教誡《きょうかい》のために書かれた消息である。入信なお日浅かった南条殿に、一族のうちまだ信仰を改めない人々が念仏の信仰をすすめるであろうことを按《あん》じてのお手紙である。本文中にも、「一家の人々の中に念仏の信者がおられるやに聞いているが、きっと念仏をすすめられることであろう」との意が述べられている。

〇

これはお手紙の冒頭の部分である。

「御病気のよし承ったがまことのことであろうか。世間無常であること、病なき人も死を免れがたいのであるから、まして病ある人はなおさらである。ただ心ある人は後世《ごせ》をこそ思い定めるべきである。また後世《ごせ》を思い定めることは、自分ひとりの考えでは叶《かな》わぬ。一切衆生の本師である釈尊の教こそ本《もと》となるのである」（紀野一義訳）とある。

「後世《ごせ》をこそ思いさだむ」とは、死後の安心ということではないのである。「世間の定めなき事は病なき人も留りがたし」とある。妙法尼御前御返事にも「日蓮は幼少のころから仏法を学んだが、心に願うことには、人のいのちは無常である。出づる息は入る息を待つことがない。風の前の露のはかなさ、というのも決してたとえではない。賢いものも、そうでないものも、老いたるも、若きも、定めないのがこの世のならいである。だからまず臨終《りんじゅう》のことを習うてのち余裕があれば他のことを習うべきである」（一五三五頁）とある。

禅門のことばに「無常迅速《むじょうじんそく》、生死事大《しょうじじだい》」とある。ある意味において、仏教とは「死への対決」を教えるものである。とかく人間というものは勝手なもので、他人の死をしばしば見、そして聞き、人は死するものとは観念では知っているのである。だが、この私の死は考えたくないのである。「昨日までひとのことだと思いしに、俺が死ぬとはこいつたまらん」という江戸時代の狂歌師大田蜀山人《しょくさんじん》の歌はまことに真実をうがつている。

人間の生と死をどう考えるべきであろうか。人生のはじめに生《せい》があって、終りに死《し》があると考えるのは、所詮考えられた生であり、死である。あるいは生物学的な生であり、死である。では主体的に生とは何であるのか。今、ここに、かく生きているということである。そしてその生についてては、次の一瞬何の保障もない。いわばこの一瞬一瞬の私の生は、つねに死にさしかけられてある。それを「我々の人間的存在とは投げ出された存在である」、と説いた哲学者もいた。

この生死《しょうじ》の問題を、法華経の信によって超えること、このことが「臨終《りんじゅう》のことをならう」というのであり、また「後世《ごせ》をこそ思いさだむ」というのである。別な言い方をすれば生死を離れるということである。

⑤ 釈迦如来《しゃかにょらい》は此等衆生《これらしゅじょう》には親《しん》なり、師《し》なり、主《しゅ》なり、（略）ひとり三徳《さんとく》をかねて恩《おん》ふかき仏《ほとけ》は釈迦一仏《しゃかいちぶつ》にかぎりたてまつる。

（南条兵衛七郎殿《なんじょうひょうえひちろうどの》御書《ごしょ》、三二〇頁）

同じく南条兵衛七郎殿御書である。一族のうちになお念仏信者があって、入信なお日の浅い南条兵衛七郎が念仏を勧められ、折角の日蓮聖人の教化を無にするようなことのないよう、わけて病気ともなれば人間の心は誰しも弱まる時である。

そこで法華経の開経である無量義経《むりょうぎきょう》の「四十余年、未だ真実を顕《あらわ》さず」という文、法華経方便品の「正直に方便《ほうべん》を捨てて無上道《むじょうどう》を説く」の文、さらには同じく方便品の「世尊の法は久しき後に要《かなら》ず真実を説く」等の文をあげて、法華経の教こそが真実であることを説かれている。そしてさらにここで、法華経譬喩品《ひゆほん》の「今此《こ》の三界《さんがい》は皆《みな》是《こ》れ我《わ》が有《う》なり、其《そ》の中《なか》の衆生《しゅじょう》悉《ことごと》く是《こ》れ吾《わ》が子《こ》、而《しか》も今此《いまこ》の処《ところ》は諸《もろもろ》の患難《げんなん》多《おお》し、唯《た》だ我《わ》れ一人《いちにん》のみ能《よ》く救護《くご》を為《な》す」という文にもとづいて、釈尊の主師親《しゅししん》の三徳《さんとく》を明かされているのである。

「今此の三界は皆是れ我が有《う》なり」とは主の徳であり、「其の中の衆生悉く是れ吾が子」とは父の徳、つまり親の徳であり、「唯だ我れ一人のみ能《よ》く救護《くご》を為す」とは師の徳である。これに対して阿弥陀仏《あみだぶつ》や薬師如来《やくしにょらい》は、いずれも他土《たど》の仏である。言ってみれば、主ではあっても、師でも親でもない。この主、師、親の三徳を兼ね備えておられるのは釈迦如来《しゃかにょらい》ばかりである。

また法華経化城喩品《けじょうゆほん》第七には大通智勝仏《だいつうちしょうぶつ》の昔、その仏が出家される以前に十六人の王子があった。その仏が悟りを開かれたのち、十六人の王子たちは許されて出家し沙弥《しゃみ》となり、法華経を聞いて仏の道に入り、仏にかわって法華経を説かれた。そして今、十方の世界で法華経を説いておられる。そして我々の住むこの娑婆世界《しゃばせかい》の主こそ、その第十六番目の王子であった釈迦如来である、と説かれている。だから「此土有縁《しどうえん》」と呼ばれる。我々の住むこの娑婆世界に於いて主であり、師であり、親であるところ、此の土に御縁の有る仏は釈迦如来ただ一人である。阿弥陀如来《あみだにょらい》は西方十万億土《さいほうじゅうまんおくど》の極楽世界《ごくらくせかい》、薬師如来《やくしにょらい》は東方浄瑠璃世界《じょうるりせかい》の仏さまであって、此の土との御縁はないのである。主徳とは衆生を守護する力、はたらきをいい、師徳とは衆生を導き教化する力、はたらきをいい、親徳とは衆生を慈愛する力、はたらきをいい、この三徳を兼ね此土有縁《しどうえん》の仏こそ釈迦如来にほかならない。

## ⑥ されば日蓮《にちれん》は日本《にほん》第一《だいいち》の法華経《ほけきょう》の行者《ぎょうじゃ》なり。

（南条兵衛七郎御書《なんじょうひょうえひちろうごしょ》、三二七頁）

同じく南条兵衛七郎御書である。この御書は日蓮聖人の数多い御書のなかでも特に意義ふかい点が三つある。一つは、この御書のかかれたのが小松原法難のあと一か月、法難のありさまをなまなましくお書きになった唯一のものである。波木井殿御書《はぎりどのごしょ》（一九二七）にもほぼこの書と同じような表現で法難の顚末をかかれているが古来偽書説が多く、或いはこの書をそのまま書き写したものかとも思われる。

「今年も十一月十一日、安房の国東条の松原と申す大路にて、申酉《さるとり》（午後五時）の時、数百人の念仏者らに待ち伏せられた。日蓮はただ一人、十人ばかりの供のうち、ものの用に立つ者はわずか三、四人である。射《い》る矢《や》は降る雨のごとく、打つ太刀はいなずまのようである。弟子一人はその場にて打ち取られ、二人は深傷《ふかで》を負うた。日蓮自身も斬《き》られ、打たれ、もはやこれまでというありさまであったのに、どうしたことであろう、打ちもらされて今日まで生きているのである」（紀野一義訳）とある。

第二に日蓮をもって霊山往詣《りょうぜんおうけい》の導師《どうし》なりという思想が示された最初の御書であるということである。霊山とは釈尊が法華経を説かれた霊鷲山《りょうじゅせん》に由来する。日蓮聖人の御義口伝《おんぎくでん》、如来寿量品「時我及衆僧《じがぎゅうしゅうそう》、倶出霊鷲山《くしゅつりょうじゅせん》」の項に「霊山一会儼然未散《りょうぜんいちえげんねんみさん》の文なり」とある。霊鷲山における法華経説法の会座《えざ》がいまなお厳然として永遠に常住していることをあらわされている。また同じく御義口伝に「霊山とは御本尊並びに日蓮等の類《たぐ》い南無妙法蓮華経と唱《とな》え奉る者の住所を説くなり」とも仰せになっている。

霊山浄土《りょうぜんじょうど》といい、霊山往詣《りょうぜんおうけい》というが、単なる死後の他土の浄土ではない。ともに本仏のいます常寂光土《じょうじゃっこうど》である。その霊山往詣の思想は佐渡以後次第に明確にされていく。

「もし日蓮より先に死なれたら、梵天《ぼんてん》、帝釈《たいしゃく》、四大天王、閻魔《えんま》大王等に申し上げよ。『日本第一の法華経の行者日蓮房の弟子である』と名のりなされ。よも粗略《そりゃく》にはあつかわれまい」（紀野一義訳）と。

第三に、本書はこれに先立つ伊豆伊東の法難、小松原の法難を経て日蓮聖人が「日本第一の法華経の行者なり」と自から称された最初の御書であるということである。これまで「法華経の持者」「法華経の行者」とはあったが、「日本第一の法華経の行者」とは呼称されていない。わけてなまなましい小松原の法難の体験から「而《しか》も此の経は、如来の現在すら猶《な》お怨嫉《おんしつ》多し、況《いわ》んや滅度《めつど》の後《のち》をや」（法師品《ほっしほん》）、「一切世間、怨《あだ》多く信じ難し」（安楽行品《あんらくぎょうほん》）、「我れ身命を愛せず、但だ無上道を惜しむ」（勧持品《かんじほん》）等の文をあげ、法華経色読《しきどく》の自覚から「日本第一の法華経の行者」と自らを称されたのである。

## ⑦ それ仏道《ぶつどう》に入《い》る根本《こんぽん》は信《しん》をもて本《もと》とす。

（法華題目鈔《ほっけだいもくしょう》、三九二頁）

法華題目鈔は文永三年（一二六六）一月六日、清澄寺《きよすみでら》で撰述《せんじゅつ》されている。日蓮聖人四十五歳の時である。真蹟《しんせき》は各所に分散して現存する。この著作を与えられた女性は、熱心な念仏者であったことが知られる。その念仏者に邪信を捨てて正信の法華経の題目の信仰に誘引《ゆういん》するために書かれたものである。

大聖人は巻頭に「根本大師門人撰《こんぽんだいしもんじんせん》」と書かれている。根本大師とは、比叡山根本中堂の主、伝教大師最澄《でんぎょうだいしさいちょう》である。日本天台宗の祖である。日本天台宗は、三代の慈覚大師円仁《じかくだいしえんにん》によって密教《みっきょう》化《か》し、さらに慧心僧都源信《えしんそうずげんしん》によって浄土教化《じょうどきょうか》していく。そうした密教、浄土教の影響をうける以前の、正信の法華経信仰に立脚した伝教大師の系譜《けいふ》を自ら引くものとして「根本大師門人」と称せられたものである。しかし反面佐渡に渡って上行菩薩再誕《じょうぎょうぼさつさいたん》の自覚を持たれた大聖人が「本朝《ほんちょう》沙門《しゃもん》日蓮」とその独自性を主張されるにいたったころと比べるならば、「佐渡以前の法門は仏爾前経《にぜんぎょう》（法華八年以前の諸経）と思え」といわれた言葉を裏書きするようである。

しかし本鈔に於いて日蓮聖人の「信」に対する態度が鮮明にあらわされていることも見のがせない事実である。

本鈔の要旨は冒頭の問答に尽されている。

「問うて言うのには、法華経のこころも知らず、義理《ぎり》（ことわり）もわきまえず、ただ南無妙法蓮華経の五字七字を、一日に一遍、一月に一遍、さては一年十年そして一生に一遍唱えても、あらゆる罪の報いもうけず、地獄《じごく》、餓鬼《がき》、畜生《ちくしょう》、修羅《しゅら》などの世界におちることなく、究極は三界《さんがい》六道《ろくどう》の迷いの世界をこえて再び退失しない位にいたるものでありましょうか、と。答えて言う、

まさにその通りである」(三九一頁)

そうして有解無心《うげむしん》と無解有信《むげうしん》の例があげられます。無解有信とは、「智慧もなく、悟りもないがただ一念の信をもつ」須梨槃特《しゆりはんどく》のような人のことです。

須梨槃特《しゆりはんどく》(チューラパンタカ)については増一阿含経《ぞういちあごんぎよう》、出曜経《しゆつようきよう》、法句譬喩経《ほつくひゆきよう》等によると、兄の摩訶槃特《まかはんどく》(マハーパンタカ)は頭悩すぐれ、聖者の境地に達したのに、弟の須梨槃特《しゆりはんどく》は稀代《きだい》の物覚えの悪い人物であった。釈尊から一偈《いちげ》を与えられて三年たっても暗誦《あんしよう》することが出来ないほどであった。ついに兄は「到底《とうてい》仏道の修行はかなわないだろう。もはや家にかえれ」とすすめた。そこで須梨槃特は、祇園精舎《ぎおんしようじや》の門外にたたずみ涙を流していた。この時釈尊は、須梨槃特の泣いている事情を聞かれ「汝、おのれの愚《ぐ》をおそれ悲しむなかれ」と精舎にみちびき入れて「この箒《ほうき》もて塵《ちり》をはらわん垢《ちか》をはらわん。汝この言葉をくりかえし誦《じゆ》せよ」と仰せられた。彼はこの言葉をくりかえし誦するうちに、塵をはらい、垢をはらうとは、心の塵を、心の垢をはらうことであると知ってついに阿羅漢《あらかん》のさとりを得たというのである。

むつかしい理屈はわからなくとも、実直な信の人であった須梨槃特《しゆりはんどく》はさとりを開いたのである。

有解無信《うげむしん》の人として提婆達多《だいばだつた》(デーヴァダッタ)の話があげられている。

彼は釈尊のいとこにあたり、釈尊の晩年二十五年身近に給仕した阿難《あなん》（アーナンダ）の兄弟だが、性格は全く異なり、律典によると彼は大変な金持ちであったという。釈尊に乞うて出家しようとしたが許されず、修羅陀比丘《しゅらだびく》のもとで神通《じんづう》を学び、十二年間修行して名声をあげた。その徳は舎利弗《しゃりほつ》や目連《もくれん》に遙かに及ばなかったが、政治的指導力のある人で、釈尊にせまって仏教々団の指導を譲りうけようとして拒否され、マガダ国の王子阿闍世《あじゃせ》（アジャータシャトル）を煽動《せんどう》して、頻婆娑羅王《びんばしゃらおう》（ビンビサーラ）を幽閉して王位をさん奪《だつ》せしめた。そしてついに霊鷲山《りょうじゅせん》下を経行《きんひん》しておられる釈迦に向って山上から巨石を投じ釈迦はその足を傷つけ血を流されたという。

この提婆達多は、六万とも八万とも言われる経典に通じ、十八種の神通変化《じんづうへんげ》を自由自在に現わしたほどの智者であったが、無信の人であったため、生きながら無間地獄《むげんじごく》におちたという。

仏教では菩薩の修行の程度によって階位を設け五十二位とする。すなわち、十信《しん》、十住《じゅう》、十行《ぎょう》、十廻向《えこう》、十地《ち》の五十位と等覚《とうがく》、妙覚《みょうがく》である。その最初が十信である。信は仏道修行の門とも言える。小乗では修行方法を説いて三十七菩提分法《ぼだいぶんぽう》というが、その中の五根、五力、いずれも信《しん》、精進《しょうじん》、念《ねん》、定《じょう》、慧《え》と、やはり信を以て始めている。

華厳経《けごんぎょう》巻六賢首菩薩品《げんじゅぼさつぼん》（旧訳《くやく》）には「信は道の元、功徳《くどく》の母となす」とあり、竜樹菩薩《りゅうじゅぼさつ》の大《だい》智度論《ちどろん》巻一には「仏法の大海には信を能入《のうにゅう》となす」とある。

法華経譬喩品《ひゆほん》に「汝、舎利弗《しゃりほつ》すらなおこの経においては信をもって入ることを得たり」とある。舎利弗は言うまでもなく十大弟子の第一人者、智慧第一と言われた人である。その舎利弗でさえ、この難信難解《なんしんなんげ》の法華経には、信あって始めて入ることが出来たというのである。

○

信ということで私がすぐ思い浮べるのは、ドストエフスキーの「白痴《はくち》」である。ドストエフスキーは、私は小説を書くのでなく、一作一作私は人間における神性《しんせい》を模索《もさく》するのであるという。カラマーゾフの兄弟のアリョーシャに、そして「白痴」のムイシュキン公爵に。

主人公ムイシュキン公爵はあたかも白痴のように疑うことを知らなかった。人間が疑うというのは、自分自身にひきくらべて考えるからである。私が他人に対して、心にもないお世辞を言ったとする。すると今度私がお世辞を言われた時、この人は心にもないことを言っているのではないかと疑うのである。純心なうそいつわりの言えない人は、他人の言葉を疑うということを知らない。「信」という字は「人」と「言」の合字である。人の言葉は人の心中をあらわすもので偽《いつわり》なきもの、故にまことと読む、とある。人の言葉と人の心中とがちがっていてはいけないのである。そのためには「質直《しちじき》にして意柔軟《こころにゆうなん》」でなければならない。日蓮聖人の「信」については、さらに四信五品鈔《ししんごほんしょう》で述べよう。

⑧ **仏法《ぶっぽう》の中《なか》に法華経《ほけきょう》ばかりこそ正直《しょうじき》の御経《おんきょう》にておわしませ。**

（法門可被申様之事《ほうもんもうさるべきようのこと》、四五五頁）

法門可被申様之事は叡山遊学中《えいざんゆうがくちゅう》の三位房日行《さんみぼうにちぎょう》に与えられたものである。真蹟は中山法華経寺にある。

三位房日行という人は大聖人の門下で、ある意味で異色の人である。文永八年九月十二日の竜口法難には大聖人に供奉《ぐぶ》して竜口の刑場に望んでいる。そして佐渡流罪中は日昭、大進房らと共に鎌倉に残って門下の中心となり、大聖人身延隠棲中は身延に在って師に仕え、師命を帯びて房総《ぼうそう》、甲駿《こうしゅん》、鎌倉を往復して布教に活躍したことは遺文によって知られる。

中でもこの御書によって知られるように叡山に遊学し、また建治三年六月九日、当時極楽寺良観《ごくらくじりょうかん》の後援をうけて活仏《いきぼとけ》の如く上下に尊崇されていた竜象房《りゅうぞうぼう》に問答を挑《いど》み、公衆の面前でさんざんに打ち負かし、竜象房はその夜の中に行方をくらました、といういきさつは大聖人の頼基陳状《よりもとちんじょう》にくわしい。

学殖《がくしょく》ふかく、他の門弟より抜きんでていたことは聖人よりの賜書《ししょ》の多いことでも知られるが、一方名利の念深く、世俗的才気がゆたかで、勝目になるとかく威張って「雑言《ぞうごん》、強言《ごうごん》、自讃気《じさんげ》なる体《てい》、人目に見すべからず」（教行証御書）という注意を受けねばならぬ性格であった。結果、晩年大聖人にうとんぜられ鎌倉か下総《しもふさ》の富木《とき》氏のもとで淋しくなくなったようである。

その三位房が叡山遊学中の質問にこたえられたのがこの「法門可被申様之事」だが、ここに大聖人の人柄を偲ぶ二つの指摘があることは興味ふかい。

一つは三位房が某公卿《くげ》の持仏堂で説法したのが面目であるように書きよこしたことに叱責《しっせき》を与えておられることである。

「又御持仏堂《ごじぶつどう》にて法門申したりしが面目《めんぼく》なんどかかれて候事、かへすがへす不思議にをぼへ候」（四四八）とある。そしてそれに対して、僧であり、この上もない法門を持つ身であってみれば、大菩薩であっても眼中にない筈である。まして梵天《ぼんてん》、帝釈《たいしやく》などは正法の僧を供養するため釈尊から領地をあずかっているものであり、毘沙門天等《びしやもんてん》は四天下《してんげ》の主でありその門番である。そして四天下の王は毘沙門天の家来で、日本はその四天下の王の家来にも及ばない。ただ島の長《おさ》たるにすぎぬ。その長《おさ》にすぎぬものの家来に対して「召《め》され」とか「上《かみ》」とかあるいは「面目《めんぼく》」などというのはまことに心外である。この日蓮を賤《いや》しんで言っているのか。というのである。地上的権威者に対する毅然《きぜん》たる大聖人の態度をここに見るのである。「わづかの小島の主《ぬし》らがをどさんを怖《お》ぢては閻魔王《えんまおう》の責《せ》めをばいかんがすべき」という種々御振舞御書《しゆじゆおんふるまいごしよ》（九六二頁）の言葉が思い出される。

次には三位房が京都にのぼって名をかえたり、京なまりになったりしたのを「物くるわし」とたしなめ、田舎《いなか》ことばのままでよろしいとおしえられている。さきにも言ったように三位房の世俗的な才智が思われると共に関東武士さながら質実剛毅《しつじつごうき》の聖人のお人柄が偲ばれることである。

さて御書の内容は、無量義経《むりようぎきよう》の「四十余年未だ真実を顕《あら》わさず」」、方便品の「正直に方便を捨てて」、同じく「世尊の法は久しくして後要《かな》らず真実を説くべし」という経証によって浄土三部経が方便説であることを強調、さらにすでに第五話において縷説《るせつ》したように主師親三徳兼備の釈尊をこそ此土有縁《しどうえん》の仏として尊崇すべき旨を説き、さらに叡山の謗法《ほうぼう》とそれに依る日本の亡国の次第を述べ、これを救うものは日蓮一人と主張すべきであると教えられている。

そして叡山の謗法《ほうぼう》を述べ、日本六十余州謗法によって仏神の敵となった。禅宗、念仏宗の栄えた中国、朝鮮はすでに大蒙古国に亡ぼされた。その弟とも言うべきこの日本が亡びぬわけがあろうか。

正直の頭《こうべ》に神は宿る。この神を我国に再びお迎えするためには、正直なものでなければならぬ。日蓮は立正安国論以来あからさまに禅宗、念仏宗の停止を率直にのべてきた。日蓮ばかりが世間、出世間にわたる正直者である。というのもこの法華経こそが、仏法の中でただ一つ正直の御経であるからである、と力説しておられるのである。

## ⑨ 今生《こんじょう》にかかる重苦《じゅうく》に値候《あいそうら》へば地獄《じごく》の苦《くる》しみつときえて、死候《しにそうら》へば人《にん》、天《でん》、三乗《さんじょう》、一乗《いちじょう》の益《やく》をうる事候《ことそうろう》

(転重軽受法門《てんじゅうきょうじゅほうもん》、五〇七頁)

本書は文永八年竜口法難のあと、十月五日相模《さがみ》の依智《えち》におられた大聖人が太田乗明《おおたじょうみょう》、曽谷教信《そやきょうしん》、金原法橋《きんばらほうきょう》の三氏にあてられたものである。当身《とうしん》の大事《だいじ》と仰せられた観心本尊抄《かんじんほんぞんしょう》が富木常忍《ときじょうにん》、太田乗明《おおたじょうみょう》、曽谷教信《そやきょうしん》の三氏に宛《あ》てられていることを見ても、この三氏と聖人の関係を知ることが出来る。一説に聖人との肉親関係も伝えられ、聖人遊学の助力をなしたとも伝えられる。その三氏が竜口法難について慰問《いもん》せられたのに対する聖人の御心境を述べられた消息《しょうそく》である。

お互いの人生をふりかえっても、いろいろな苦難にめぐりあった時、それをどう受け止めるか、ということによってその人の人生観を知ることが出来る。

竜口法難について印象に残るのは、種々御振舞御書《しゅじゅおんふるまいごしょ》(九六七頁)のなかにある四条金吾頼基《しじょうきんごよりもと》とのやりとりである。いよいよ竜口刑場についた時、四条金吾は「只今《ただいま》なり」と泣く、とある。そ

の時「不覚《ふかく》の殿原《とのばら》かな。これほどの悦《よろこ》びを笑《わら》えかし。いかに約束《やくそく》をたがえらるるぞ」と言い放たれた聖人、「今夜頸《くび》切られにまかるなり。この数年が間、願いつる事これなり」とある。まことに生死を超脱した人間ならではの態度ではなかろうか。

その聖人がここでは、「転重軽受《てんじゅうきょうじゅ》」ということを仰っしゃっている。重きを転じて軽きを受くということである。本書に、

「過去世の重い罪報《ざいごう》がこの世で尽きなくて未来世に至ってなお地獄の苦しみを受けねばならないのに、この世でこのような重い苦しみにあえば、未来世の地獄の苦しみは、ふっつり消えて、死後地獄《じごく》、餓鬼《がき》、畜生《ちくしょう》、修羅《しゅら》等の四悪趣《しあくしゅ》におちることなく、人《にん》、天《でん》に生まれ、また或いは三界六道《さんがいろくどう》の迷いの世界を離れて声聞《しょうもん》、縁覚《えんがく》、菩薩《ぼさつ》の三乗、或いはまた一仏乗の仏果菩提《ぶつかぼだい》にいたることが出来る」と仰せられている。ただこれについて転重軽受の教えを説かれた涅槃経《ねはんぎょう》に「過去にかつて無量の罪業《ざいごう》をなし、この世でいろいろ苦しみにあう。この世で軽く受けるようになるのは正法を守った功徳《くどく》の力によるのである」とある。

「護法《ごほう》の功徳力《くどくりき》」によって「転重軽受《てんじゅうきょうじゅ》」するのである。聖人はまさに死身弘法、釈尊出世の本懐《ほんがい》、未顕真実《みけんしんじつ》、世尊法久後要当説真実《せそんほうくごようとうせつしんじつ》と説かれた法華経弘通《ぐづう》の功徳《くどく》によって転重軽受されるの

である。

○

われわれ凡夫は浅はかなものである。生活が順調にいっている時には、それなりに神仏を信仰しているが、ひとたび苦難にぶつかると、神も仏もあるものか、と易々《いい》として信仰を捨て去るものが多い。私は長年若い人たちの教育にたずさわっていて、よく言うことである。順調な恋愛を楽しんでいる人に成長はないが、失恋した時、それから立ち直った時、人は大いに成長するのである、と。

遭遇した苦難に真正面からぶつかる勇気がなくてはならない。英語の諺ではないが、こぼれたミルクの上で泣いてもしようがない。過ぎ去った過去にくよくよ愚痴《ぐち》をこぼしていても何一つ解決しない。私は運命愛《うんめいあい》という。与えられた運命を素直に受けて立つ。それこそが人生ではないであろうか。

聖人は、伊豆、小松原、そして竜口法難を体験し、今また佐渡の流罪に臨もうとしておられる。佐渡御書（六一八頁）にあるように「日蓮御房は師匠《ししょう》にておわせども余《あま》りに剛《こわ》し。我等はやわらかに法華経を弘むべし」という弟子檀那の声も聞えてくる。そして「弟子等、檀那等の中に臆病《おくびょう》のもの、大体、おち、或は退転《たいてん》の心あり」（弁殿尼御前御書《べんどのあまごぜんごしょ》、七五二頁）といわれるなかで、この苦難によって未来世の地獄の苦をのがれるのだと心中悦んでおられる聖人の人生観は我々に多くの教訓を垂れておられるものと思う。

なお同じ意味のことを佐渡御書（六一四頁）のなかでもくりかえし述べられている。「我今度の御勘気《ごかんき》は世間の失一分《とがいちぶん》もなし。偏《ひとえ》に先業《せんごう》の重罪《じゅうざい》を今生《こんじょう》に消《け》して、後生《ごしょう》の三悪《さんあく》を脱《のが》れんずるなるべし」と。

⑩　**日蓮《にちれん》は明日《あす》佐渡《さど》の国《くに》へまかるなり。今夜《こよい》のさむきにつけても、牢《ろう》のうちのありさま思《おも》いやられていたわしくこそ候《そうら》へ。**

（土籠御書《つちろうごしょ》、五〇九頁）

私は日蓮聖人の御遺文から百話を選ぶについて、できる限り真蹟のあるもの、曾《か》つて真蹟のあつたものを優先して選んできたが、ここで御真蹟のある五人土籠御書《ごにんつちろうごしょ》を選ぶか、或いはここにあげた土籠御書《つちろうごしょ》を選ぶか、迷ったあげくこの土籠御書をあげた。一節には五人土籠御書の改作であるという説もあるが、私自身全文暗誦《あんしょう》しているほどであり、また一般にもこれほど広く知られた御書もまれである。キリスト教の信者として知られている内村鑑三《うちむらかんぞう》が「代表的日本人」として西郷隆盛《さいごうたかもり》、上杉鷹山《うえすぎようざん》、二宮尊徳《にのみやそんとく》、中江藤樹《なかえとうじゅ》と共に「日蓮上人」をあげ、その一節に、

「彼の弟子への手紙には、記念すべき立正安国論の熱火と大なる対照をなして、極めて穏かな気分が通《かよ》っている。弟子達があれほどまでに彼を思慕したは、不思議でない」（岩波文庫、一七二頁）

と言っている。

このお手紙をいただいた土牢《つちろう》の中の日朗上人《にちろうしょうにん》の感激いかばかりであったろう。伝えるところによると、この師弟の温情に感じ、宿屋入道光則《やどやにゅうどうみつのり》が聖人の教えに帰依し、のち私邸を光則寺《こうそくじ》とした、そのきっかけになったというがさもあろうと思われる。出来るだけかみくだいた文章で皆さんの御理解の助けになろうと努めている私だが、この一文は全文をそのままかかげ、願わくばあえて暗誦《あんしょう》していただきたいと考えている私である。

「日蓮は明日佐渡の国へまかるなり。今夜《こよい》のさむきにつけても、牢《ろう》のうちのありさま、思いやられていたわしくこそ候へ。あわれ殿は法華経一部を色心二法《しきしんにほう》ともにあそばしたる御身《おんみ》なれば、父母六親一切衆生《ぶもりくしんいっさいしゅじょう》をもたすけ給うべき御身なり。法華経を余人《よひと》のよみ候は、口ばかりことばばかりはよめども心はよまず、心はよめども身によまず。色心《しきしん》二法共《とも》にあそばされたるこそ貴く候へ。天諸童子以為給使刀杖不加害不能害《てんしょどうじいいきゅうじとうじょうふかどくふのうがい》と説かれて候へば、別事《べちじ》あるべからず。牢《ろう》をばし出《いで》させ給い候わば、とくとくきたり給へ。見たてまつり、見えたてまつらん」

日朗上人は十歳代で叔父の日昭《にっしょう》上人にみちびかれて松葉谷《まつばがやつ》の草庵で出家入門、以来「日蓮の行くところ日朗あり」といわれるほど、聖人の身近に給仕《きゅうじ》せられた。聖人の日朗上人への愛情もまた一入であった。その日朗上人が土牢につながれておられる。聖人御自身流されて帰ったものもないという、北海の孤島佐渡へ旅立たれようとしている。その時、自身のこと以上に土牢の日朗上人の身の上を想われてのことである。のち聖人は佐渡への途次《とじ》、寺泊《てらどまり》から富木殿《ときどの》に御消《ごしょう》息《そく》を送られたなかに「入牢中《にゅうろうちゅう》の僧のことが気がかりです。折あらば早々に事情お聞かせ下さい」とある。

本文中「色心二法《しきしんにほう》」とある。色とは肉体、心とは精神、つまり法華経の精神を己が肉体をもつて実践することを「色心二法共にあそばされたること」と仰せられているのである。

「天諸童子以為給使刀杖不加毒不能害《てんしょどうじいいきゅうじとうじょうふかどくふのうがい》」とは、法華経安楽行品《あんらくぎょうほん》のことばで「天の諸の童子《どうじ》が法華経の行者に給侍《きゅうじ》をなし、たとえ敵があってこの行者に刀杖《とうじょう》を加えんとしてもこれを不可能ならしめ、毒をもって害せんとしても不可能ならしめる」という意である。

また「法華経を余人《よひと》のよみ候は、口ばかりことばばかりはよめども心によまず、心によめども身によまず」という一節は、まさに頂門《ちょうもん》の一針《いっしん》である。私もふくめて世に多くの法華経の信者はある。しかし真に心によみ、身によむ人、果していくばくであろうか。

「仏になる道は、必ず身命《しんみょう》をすつるほどの事ありてこそ仏にはなり候らめ」という佐渡御勘《さどごかん》気鈔《きしょう》のお言葉が心にしみる。

⑪　仏《ほとけ》になる道《みち》は必《かなら》ず身命《しんみょう》をすつるほどの事《こと》ありてこそ
仏《ほとけ》にはなり候《そうろう》らめ。

（佐渡御勘気鈔《さどごかんきしょう》、五一〇頁）

佐渡御勘気鈔は一名「清澄《きよすみ》の師友《しゆう》に与《あた》うる書」ともよばれているように、清澄の浄顕房《じょうけんぼう》、義《ぎ》浄房《じょうぼう》に与えられたものである。真蹟はないが古来真撰に疑いははさまれていない。

文永八年十月十日佐渡につかれて程なくのおたよりであるが、一読聖人の御心境が素直に述べられている。短かい文なので紀野一義氏の訳（中央公論社、日本の名著日蓮）でここに全文をかかげる。

「九月十二日に御勘気《ごかんき》をこうむって、今年十月十日、佐渡へまかり越すのである。もとより学《がく》文《もん》したのは仏教をきわめて仏になり、恩ある人を助けんと思うからである。仏になる道は、かならず、身命《しんみょう》を捨てるほどのことがあってこそ仏になるであろう、と推《お》しはかられる。すでに経文に〈悪口《あっく》、罵詈《めり》、刀杖《とうじょう》、瓦礫《がりゃく》、数々見擯出《さくさくけんひんずい》（しばしば追放されること）〉と説かれてあるごとく、かかる目にあうことこそ、法華経を読んでいるということのあかしであろうと、いよいよ信心もおこり、後生もたのもしいのである。死ぬようなことになったら、かならず、おのおのがたをも助けよう。インドに師子尊者《ししそんじゃ》と申せし人は檀弥羅王《だんみらおう》に頸《くび》をはねられ、提婆菩薩《だいばぼさつ》は外道《げどう》に突《つ》き殺《ころ》された。漢土《かんど》（中国）の竺道生《じくどうしょう》と申せし人は蘇山《そざん》と申すところへ流された。法道三蔵《ほうどうさんぞう》は顔に火印《かなやき》せられて江南と申すところへ流された。これみな法華経の徳、仏法のゆえである。日蓮は日本国のなかでも東の夷《えびす》といわれる東条《とうじよう》安房国《あわのくに》、海辺の旃陀羅《せんだら》の子である。いたずらに朽《く》ちる身を法華経のゆえに捨てまいらせることは、石を金《こがね》にかえるほどのことではないか。おのおの、嘆かれてはならぬ。道善御房《どうぜんごぼう》にもこう申し聞かせられたい。領家《りようけ》の尼御前《あまごぜ》へも御文をと思うけれども、かかる流人《るにん》の身の文であるから、なつかしやとは思わぬであろうと日蓮が申していたと、便りあらばおのおのがたより物語ってあげてくださるよう。」

＜悪口《あつく》、罵詈《めり》、刀杖《とうじよう》、瓦礫《がりやく》＞とは法師品《ほつきほん》にある「若しこの経を説かん時、人ありて悪口をもって罵《ののし》り、刀杖瓦石《とうじようがしやく》を加うとも、仏を念ずるが故に応《まさ》に忍《しの》ぶべし」という経文をさし、＜数々《さくさく》見擯出《けんひんずい》＞は勧持品《かんじほん》のいわゆる二十行の偈《げ》の一節で「濁世《じよくせ》の悪比丘《あくびく》は仏の方便《ほうべん》の宜《よろ》しきに随《したが》って説く所の法を知らずして悪口《あつく》して顰蹙《ひんじゆく》し、数々見擯出《さくさくけんひんずい》せられ、塔寺《とうじ》より遠離《おんり》せられん。かくの如き衆悪をも、仏の告勅《ごうちよく》を念《おも》うが故に皆当《まさ》にこの事を忍ぶべし」という経文である。

釈尊がお亡くなりになってから、その教えを代々受けついだ二十四人の伝記を書いた付法蔵因《ふほうぞういん》縁伝《ねんでん》に師弟尊者《ししそんじや》と提婆菩薩《だいばぼさつ》のことが伝えられている。提婆菩薩はその第十四祖、師子尊者は第二十四祖、つまり最後の伝灯者《でんとうしや》である。

師子尊者は六世紀のころの中インドの人、カシミールで布教していたころ、檀弥羅王《だんみらおう》という横《おう》暴《ぼう》な王が寺をこわし、僧をころしたが、その時師子尊者も頸《くび》をはねられたという。伝説によると、尊者の首から血は一滴も流れず、ただ白い乳のみが出たという。これは尊者が白法《びゃくほう》（正しい教え）をたもち、成仏したことをあらわすという。

提婆菩薩《だいばぼさつ》は、インド仏教教学上の碩徳《せきとく》である竜樹《りゅうじゅ》の弟子で大論師であった。外道《げどう》（仏教以外の思想家）と問答して大いに仏教を弘通したが、一外道の弟子が憤慨《ふんがい》して林中に経行《きんひん》するのを見て突き殺したと伝えられる。

竺道生《じくどうしょう》は中国南北朝時代（三一七―五八九）の僧で「闡提《せんだい》（仏種を断じたとされる者）の成仏」を主張して蘇山に流され、法道《ほうどう》（一〇八六―一一四七）は宋代の僧で徽宗皇帝《きそうこうてい》が老子、荘子《そうし》を重んじて仏教という称号を変えようとした時、反対して上書、ために顔に火印《かなやき》をあてられ道州に流されたという。

道善坊《どうぜんぼう》は清澄寺《きよすみでら》における日蓮聖人の師であった人。領家《りょうけ》の尼御前《あまごぜ》とは、大聖人出生の地、安《あ》房国長狭郡東条郷《わのくにながさごおりとうじょうごう》の領主名越朝時《なごえともとき》の妻、一説には領家は日蓮聖人の親戚で、日蓮聖人の両親に対し重恩をかけ、日蓮聖人をも補助したと伝えられる。

〇

身命をすつるほどの事ありてこそ仏にはなり候らめ、とは松葉が谷、伊豆伊東、小松原、竜口、佐渡と度かさなる法難をふりかえられた大聖人の法華色読《しきどく》（肉体的実践）の歴史を物語っておられ、やがてそれは地涌《じゆ》の菩薩《ぼさつ》である上行《じょうぎょう》菩薩《ぼさつ》再誕《さいたん》の自覚へと昇華《しょうか》されていくのである。

この度かさなる法難、わけて佐渡流罪に心を痛めている師友たちへ、覚悟のほどをお示しになっていると共に、これほどの覚悟がなくて末法今の世に法華経を弘通《ぐづう》することは出来ないことを示されたものである。

⑫　総《そう》じて日蓮《にちれん》が弟子《でし》檀那《だんな》等《とう》、自他《じた》彼此《ひし》の心《こころ》なく水魚《すいぎょ》の思《おも》いを成《な》して、異体同心《いたいどうしん》にて南無《なむ》妙法蓮華《みょうほうれんげ》経《きょう》と唱《とな》え奉《たてまつ》る処《ところ》を、生死一大事《しょうじいちだいじ》の血脈《けちみゃく》とは云《い》うなり。

（生死一大事血脈鈔《しょうじいちだいじけちみゃくしょう》、五二三頁）

このお手紙には冒頭「お手紙くわしく拝見いたしました」とある。最蓮房《さいれんぼう》からの生死一大事《しょうじいちだいじ》の血脈に関する質問にこたえられたものである。最蓮房については諸説あるが（日蓮辞典、七八頁参照）大聖人佐渡在島中、同じく佐渡流罪中の天台僧で、聖人に帰依して、為に難にあったとある。概して最蓮房にあてられたと伝えられる御書は、教学的に重要な論が多い。この御書もまた然りである。それだけにまた味わうべき御文章である。

生死とはこの私の存在のすべてをいう。生まれかわり死にかわりくりかえす輪廻《りんね》の当体である。そしてその輪廻の当体である私は、無限の縁起《えんぎ》のただなかにある。孤立した存在はあり得ない。互いに限りない条件によって互に扶《たす》けあい扶けあわれて存在する。そうした存在の当体を生死という。一大事とはその生死のキー・ポイントである。存在をして存在たらしめているものをいう。それはほかならぬ南無妙法蓮華経である。平たい言葉でいうならば宇宙を貫く大生命である。その大生命にすべての存在は生かされて生きているのである。この世にありとしあらゆるものみなこの大生命に生かされて生きており、互いに扶《たす》けあい扶けあわれて生きている。その存在の真実の姿に目ざめた時、もはや自他彼此《じたひし》の心などあり得ようがないのである。自他彼此の区別を立てるのは、この存在の真実の姿を知らぬが故である。自他彼此の区別のないところ自ら異体同心《いたいどうしん》となる。いわば水と魚の関係のようなものである。そして我々すべての存在を存在たらしめている大生命、つまり南無妙法蓮華経に帰命する以外に我々の存在のキー・ポイントはあり得ようがないのである。そしてこのことは法華経において本師釈尊から地涌《じゆ》の菩薩である上行等諸菩薩に付嘱《ふぞく》され、末法のこの世に上行の再誕として出現された日蓮聖人を通じ我々弟子檀那に脈々と流れている正法の血脈なのである。

## ⑬ 信心《しんじん》の血脈《けちみやく》なくんば法華経《ほけきよう》を持《たも》つとも無益《むやく》なり。

（生死一大事血脈鈔《しようじいちだいじけちみやくしよう》、五二四頁）

日蓮聖人は生死一大事血脈鈔において、

「上行菩薩《じようぎようぼきつ》が末法《まつぼう》今の時にこの生死一大事の血脈である妙法五字を弘めるために御出現なされることを経文に明らかにされている。果して御出現なさるのであろうか、どうであろうか。仏言に虚言《きよげん》がないかぎり必ず御出現になるであろう。ともかくこの日蓮はあらかた弘めたのである。」

と仰せられてある。我々はここに聖人の上行菩薩の再誕であることを暗示せられていると拝察するのである。

「信心の血脈」とある。云うまでもなく前節に述べた通り、本師釈尊→地涌《じゆの》菩薩《ぼさつ》上行等の諸菩薩→上行菩薩の再誕日蓮聖人とつづいた生死一大事の血脈、正法の血脈への信仰をさしていることもとよりである。

だから「煩悩即菩提《ぼんのうそくぼだい》、生死即涅槃《しょうじそくねはん》とはこれなり」（五二四頁）とある。生死一大事の生死とはさきにも云う通り存在の当体なのである。そしてそれは限りない縁起のただなかにあり、すべての存在は互いに扶《たす》けあい、扶けあわれて存在する。しかもその存在は宇宙を貫く南無妙法蓮華経という一大生命に生かされて生きているのである。

煩悩即菩提《ぼんのうそくぼだい》、生死即涅槃《しょうじそくねはん》という。仏教においてしばしば「即《そく》」ということばが用いられている。「即」とはＡ＝Ｂという時の等号ではなく、Ａ＝Ａという時の等号である。ＡとＢという別のものが等しくなるというのではない、ＡがＡであるということを示している。論理学でいう同一律である。煩悩が煩悩のままで菩提であり、生死《しょうじ》、ここでは迷いである。その迷いの人生がそのまま菩提《ぼだい》、つまりさとりであるということである。南無妙法蓮華経という宇宙の大生命にともどもに生かされている当の実相《じっそう》の世界でのこと。いわば本覚《ほんがく》の世界に於ける姿である。本覚とは、久遠本仏《くおんほんぶつ》のさとりの境地をいう。

「十如是事《じゅうにょぜのこと》」（正嘉二年大聖人三十七歳、岩本実相寺《いわもとじっそうじ》にて、真撰とされる、二〇三二頁）に「本覚のうつつの覚《さとり》にかえりて法界《ほうかい》をみれば皆寂光の極楽にて、日ごろ賤しと思いし我が此身が三身即一の如来にてあるべきなり」とある、この心の風景をさしているのである。

この「信心の血脈」なくして、いかように法華経を読誦し受持しようとも所詮無益であるというのである。

⑭ 仏法《ぶっぽう》を学《がく》せん人《ひと》知恩報恩《ちおんほうおん》なかるべしや。仏弟子《ぶつでし》は必《かなら》ず四恩《しおん》をしつて知恩報恩《ちおんほうおん》をほうずべし。

（開目抄《かいもくしょう》、五四四頁）

いよいよ開目抄に入ります。我々は立正安国論《りっしょうあんこくろん》、観心本尊抄《かんじんほんぞんしょう》とあわせて三大部とよびならわしています。観心本尊抄が「法開顕《ほうかいけん》」の書であるのに対し、「人開顕《にんかいけん》」の書とされます。度かさなる受難に勧持品《かんじほん》二十行の偈《げ》をまさに色読《しきどく》された聖人は本化上行菩薩《ほんげじょうぎょうぼさつ》の自覚《じかく》に立たれ、「度かさなる法難に諸天の加護のないのは、我師は法華経の行者ではないのではなかろうか」という弟子檀那《だんな》の疑問にきっぱりと答えられるのです。撰述は文永九年二月、佐渡に流罪になった翌年、御年五十一歳のときであります。

以下何節かにわたって開目抄の御文章を拝読しますが、この長文の開目抄の概要を以下に述べてみましょう。

○

我々の学ぶべきものには中国の儒教《じゅきょう》、インドのバラモン教（外道《げどう》）、そして仏教とがある。儒教は仏教が中国にひろまる下地をつくった功はあるが、過去、未来を知らない。

バラモン教は過去、未来を知り、その深さは儒教より遥かに深いが、九十五種の流派があるが、いずれも生死《しょうじ》を離れることを得ぬ。

それに対して大覚世尊《だいかくせそん》、釈迦牟尼仏《しゃかむにぶつ》は一切衆生の大導師である。その教えのなかで法華経こそ釈尊の正信である。

その法華経に二箇の大事がある。一念三千《いちねんさんぜん》の法門と久遠実成《くおんじつじょう》である。まず爾前《にぜん》の経々（法華以前の諸経）には声聞《しょうもん》、縁覚《えんがく》の二乗《にじょう》は永久に成仏出来ぬ（永不成仏《ようふじょうぶつ》）と説かれていたのに、法華経にいたって授記《じゅき》（成仏の予言）をうけている。まさに水火相異る。しかし多宝如来《たほうにょらい》の証明があること歴然である。四十余年を捨てて法華経につくことはまことに難しい。だから法華経と大日経、法華経と華厳経《けごんぎょう》、法華経と阿弥陀経《あみだきょう》が同じである、というような説が出てくるのである。これに対して涅槃経《ねはんぎょう》に「末代濁世《まつだいじょくせ》に正法《しょうぼう》をそしるものは十方大地のごとく、正法を信ずる者は爪上の土」と教えられている。

第二に久遠実成《くおんじつじょう》である。華厳経は円満経とよばれ、すぐれた経ではあるが、二乗《にじょう》と一闡提《いっせんだい》（正法を信ぜず成仏の機縁を欠くもの）の不成仏を説き、久遠実成を説かない。華厳経にして然りである。他の経々は申すに及ばない。法華経においても迹門《しゃくもん》では一念三千、二乗作仏は説くが、他経と同じく始覚《しがく》の仏（菩提樹下で始めてさとりを開いた仏）である。これに対して寿量品に於いて「我れ成仏してよりこのかた無量百千万億那由佗劫《なりょうひゃくせんまんのくなゆたこう》なり」と久遠実成の本姿を示される。かくてこそ九界も無始本有《むしほんぬ》の仏界にそなわり、仏界も無始本有の九界に具わる。まことの十界《じゅっかい》互具《ごぐ》、百界千如《ひゃくかいせんにょ》、一念三千となるのである。

日蓮は過去世においてついに仏になり得なかったが、道綽《どうしやく》、善導《ぜんどう》、法然《ほうねん》の「千中無一《せんちゆうむいち》」にだまされた人々が、ついに権経《ごんぎよう》におち、小乗、外道、儒教におち、悪道におちてしまった。このことを知るのは、日蓮ただ一人である。

進んで言うか、退いて言うまいか。言わずば、今生《こんじよう》は何ごともなくとも、後生《ごしよう》は無間地獄《むげんじごく》。宝塔品《ほうとうほん》の六難九易《ろくなんくい》の法門に励まされ、強盛《ごうじよう》の菩提心《ぼだいしん》をもち、退転《たいてん》すまいと誓った。

結果迫害しきり。思うに天台大師、伝教大師も迫害をうけられた。日蓮は智解《ちげ》は天台、伝教に及ばぬが、忍難弘法《にんなんぐほう》は遙かにすぐれ、仏天の加護がある筈なのに、何のしるしもない。或いは日蓮は法華経の行者ではないのであろうか。しかし日蓮が此の世に生れずば、勧持品二十行の偈は事実無根となる。悪口《あつく》、罵詈《めり》、刀杖《とうじよう》、瓦石《がしやく》、数々見擯出《さくさくけんひんずい》、ことごとく経文を身に読んだ。このように経文と符合《ふごう》すれば、勘気《かんき》をこうむるたびに悦《よろこ》びをおぼえる。しかし世間の疑いも、自分の心も、どうして天はこの日蓮をたすけ給はぬのか。仏前で誓われたが、濁世《じよくせ》の大難のはげしさに諸天はおそれをなして下《くだ》り給わぬか。

考えてみるに法華以前の諸経に二乗作仏《にじようさぶつ》、久遠実成《くおんじつじよう》はなく、本尊も法華経のように三身《さんじん》（法身、報身、応身）円満の仏ではない。久遠実成があらわれてみれば、諸経の仏はみな釈尊の眷属《けんぞく》である。だから大日経《だいにちきょう》、観無量寿経《かんむりょうじゅきょう》を読む行者らが、法華経の行者に敵対すれば、かの人たちを捨てて法華経の行者を守護せられるであろう。法華経の諸仏、菩薩はもとより、浄土、真言の諸仏、菩薩もまた日蓮を守護されるであろう。

にもかかわらず、今にいたるまで、この日蓮をたずねてくださらぬのは、日蓮が法華経の行者でないからであろうか。我が身に引きあて、身の失《とが》を知らねばならない。

そこで考えてみるのに、当世の念仏、禅等が何故法華経の敵人であり、一切衆生の悪知識《あくちしき》であるのか。宝塔品《ほうとうほん》の三箇《さんが》の勅宣《ちょくせん》（滅後の弘経《ぐきょう》に対する覚悟のほどを問う）が、多宝仏の証明、十《じっ》方分身《ぼうふんじん》の諸仏の来集のもとに行なわれていることで、その儀式を思う時、法華経が正法であることが知れよう。しかも六難九易《ろくなんくい》が説かれている。已《い》、今《こん》、当《とう》、最第一《さいだいいち》（すでに説き、今説き、当《まさ》に説かん、しかもその中において、この法華経は、最もこれ難信難解《なんしんなんげ》なり。法師品《ほっしほん》）、六難九易《ろくなんくい》について他経に述べるところとその差は明らかである。また提婆品《だいばほん》における悪人成仏、女人成仏は法華経独自のものである。この正法を弘めることの難しさ故に、勧持品《かんじほん》に二十行の偈を説いてその覚悟をうながされている。釈迦、多宝、十方の諸仏の未来記に明らかなように、この日本に三類《さんるい》の法華経の敵人（俗人、僧侶、聖者にして正法を謗るもの）が居ない筈はない。道綽《どうしゃく》、法《ほう》然《ねん》まさにそのよき例である。已今当最第一《いこんとうさいだいいち》の法華経を捨閉閣抛《しゃへいかくほう》（法然、撰択本願念仏集《せんちゃくほんがんねんぶつしゅう》、捨《す》て、閉《と》ぢ、閣《さしお》き、抛《なげう》ての意）せよとはまさに誹謗正法《ひぼうしょうぼう》でなくて何であろう。

この三類《さんるい》の強敵《ごうてき》の中にあって、多宝如来、十方分身の諸仏は「法をして久住《くじゅう》ならしめよ」と教えられた。一体誰が法華経の行者なのであろう。ある人は云う、三類《さんるい》の強敵《ごうてき》はある。しかし法華経の行者はいない、と。果《はた》してそうであろうか。不軽菩薩《ふきょうぼさつ》は過去に法華経を謗《そし》られた罪によって瓦石《がしゃく》をうけられたのであり、また謗法《ほうぼう》の世の中では守護神がこの世を捨て去ったが故に、正法を行ずる者にそのしるしがないのである。

究極のところ諸天も日蓮を捨てるなら捨てるがいい。諸天加護《しょてんかご》の有無はもはや日蓮にとって問題ではない。この法華経弘通《ぐづう》に全生命をかけるばかりである。善につけ、悪につけいかなることがあっても、この法華経を捨てるようなことがあれば堕地獄《だじごく》である。だから私は二十年前に大願を立てたのである。たとえ人あって法華経を捨てて観無量寿経《かんむりょうじゅきょう》等について後生《ごしょう》を願うなら日本の国を譲《ゆず》ろうと名誉、地位、栄光をもって我れを誘《さそ》うとも、また念仏を申さないならば汝の父母の頸《くび》をはねると我を脅迫《きょうはく》しようとも、我が主義信条を真正面から智者に条理を正して破られないかぎり、不惜身命《ふしゃくしんみょう》、死身弘法《ししんぐほう》の信念は微動だもしない。そのほかの大難は風の前の塵に等しい。我れ日本の柱とならん、我れ日本の眼目とならん、我れ日本の大船とならん、と誓った大願はいかなる大難にあおうともどうして破ることが出来ようぞ。

ではいかにして日蓮の流罪、死罪が過去の宿業《しゅくごう》であると知れるかというに、般泥洹経《はつないおんきょう》の文はまさに日蓮に符合《ふごう》する。今日蓮が強盛《ごうじょう》に国土の謗法《ほうぼう》を責《せ》めてこの大難にあうのは、過去の罪を今生の護法によって引き出したのである。

涅槃経《ねはんぎょう》に貧女が嬰児《えいじ》を抱いてガンジス河に水没し、ために梵天《ぼんてん》に生れたとあるのは、ただ慈《じ》念《ねん》のためである。天台の一念三千こそ成仏の直道《じきどう》であると、諸難ふりかかろうとも疑うことがないならば「解脱《げだつ》を求めざるに解脱おのずからいたる」のである。

ところが安楽行品《あんらくぎょうほん》に「ねごうて人および経典の過《とが》を説かざれ、また諸余の法師を軽慢《きょうまん》せざれ」とある。この経文に違背《いはい》するが故に日蓮は見捨てられたのではないか、という。

仏法に摂受《しょうじゅ》、折伏《しゃくぶく》二門がある。取捨《しゅしゃ》よろしきを得て一向《いっこう》にすべからず、とある。考えてみるのに、この日本国の当世は単なる悪国か、はたまた破法の国か、よくよく知るべきである。慈なくして、いつわり親《した》しむは怨《あだ》であると説かれている。よく事柄を問いただし直《なお》させる（糾治《きゅうじ》）ものこそ真の仏子である。

日蓮の流罪は今生の小苦であるからなげかわしからず、後生に大楽をうけるであろうから大いに悦ばしい。

○

御遺文のなかでも最も長い開目抄である。要点をつかんで概要を述べた次第である。

さて、この節に掲げた「知恩《ちおん》、報恩《ほうおん》」のことは、二乗と一闡提《いっせんだい》の成仏、不成仏に関するところに出てくる。

聖人は知恩、報恩ということについてはしばしば論及され、重視されている。四恩鈔《しおんじょう》（弘長二年、二三七頁）、聖愚問答鈔《しょうぐもんどうしょう》（文永二年、三七七頁）、善無畏三蔵鈔《ぜんむいさんぞうしょう》（文永七年、四七〇頁）、上野殿御消息（建治元年、一一二四頁）等、なかでも四恩鈔にくわしい。

聖人は恩については、心地観経《しんちかんぎょう》報恩品《ほうおんぼん》に拠《よ》っておられる。父母、衆生、国王、三宝の四つの恩であるが、なかでも三宝の恩の重きを力説しておられる。

恩について多くのことを語りたいが、報恩抄で改めてこの問題について深くふれてみることとして一応筆をおく。

## ⑮ 大事《だいじ》の難《なん》は四度《よんど》なり。二度《にど》はしばらくをく。王難《おうなん》すでに二度《にど》におよぶ。

（開目抄《かいもくしょう》、五五七頁）

すでに再三ふれてきたように、日蓮聖人は勧持品《かんじほん》二十行の偈《げ》を色読《しきどく》された、ということをくりかえして強調しておられる。そこでその勧持品二十行の偈を、いささか長くなるがここに現代訳（紀野一義訳、筑摩書房『仏典』Ⅱ）をあげてみよう。

(1)願わくば憂慮《ゆうりょ》なさいませんように。仏がこの世を去られたのちに、恐ろしい悪世のさなかで、われらは広く説くでありましょう。

(2)もろもろの無智の人が、悪口し、罵《ののし》り、刀杖を揮《ふる》ったりすることがあっても、われらは皆、忍ぶでありましょう。

(3)悪世の中の比丘は、邪智であり、心に諂曲《こびへつらい》があり、未だ会得《えとく》してもいないものを得たと思いこみ、我執《がしゅう》の心で充満しているであろう。

(4)あるいは林の中の静かな場にいて、つぎはぎの衣を着て、自分では真の道を行じていると思いこんで、人間を軽蔑《けいべつ》し賤《いや》しめる者があろう。

(5)利得と尊敬を得ることに貪着《とんじやく》する故に、在家の人に教を説き、六種の神通力《じんづうりき》を持つ尊敬さるべき人のように、世間から恭敬せられるであろう。

(6)この人は悪心を懐き、常に世俗の事を思い、林に住むことをかさに着て、好んでわれらの過失を言い立て、

(7)このように言うであろう――「このもろもろの比丘らは、利得と尊敬を得るために、外道《げどう》の論議を説き、

(8)自ら経典を作って、世間の人をたぶらかし、名誉を求める心から、分別してこの経を説くのだ」と、

(9)国王、大臣、婆羅門《ばらもん》、資産者、およびその他の比丘たちに向って、われらを誹謗《ひぼう》し、われらの悪を説き、

(10)「これは邪見の人である。外道の論議を説いている」と言うであろうが、われらは仏を敬っている故に、ことごとくこのもろもろの悪を忍ぶであろう。

(11)かれらに軽んぜられ、このような軽蔑した軽慢《きようまん》なことばを言われても「あなたたちも皆仏になるのだ」と、それらを皆、忍んで受けるであろう。

(12)長い時間という濁《にご》りに満ちた悪世の中には多くの恐怖があるであろう。悪鬼にとり憑《つ》かれたような人が、われを罵《ののし》り、そしっても、

(13)われらは仏を敬い信じている故に、忍耐の鎧《よろい》を身に着けて、この経を説くために、このもろもろの難事を忍ぼう。

(14)われらは身命《しんみよう》を愛することなく、ただ無上道のみを惜しむ（我不愛身命《がふあいしんみよう》、但惜無上道《たんじやくむじようどう》）われらは来世において、仏に委ねられたことを護持するであろう。

(15)世尊は知っていられよう、濁《にご》りに満ちた世の悪比丘は、仏が方便によって相手に応じて説かれる教えを知らず、

(16)悪口して眉《まゆ》をしかめ、法華経を受持するものをしばしば、塔寺から追放するであろう（数々見擯出《さくさくけんひんずい》、遠離於塔寺《おんりおとうじ》）このようなもろもろの悪をも、

(17)仏の命令を思う故に、皆このことを忍ぶであろう。

(18)もろもろの村落や都城に教えを求める者があれば、われらは皆その所に赴いて、仏に命ぜられ

た教えを説こう。

(19)われわれは世尊の使であるから、大勢の人々の中にいて畏《おそ》れるところがない。われらはよく教えを説くでありましょう。願わくば仏よ、安穏に住したまえ。

(20)われらは仏の前と、来集された十方の諸仏の前で、このような誓いのことばを語った。仏よ、われわれの心をよく知られよ。

○

この勧持品《かんじほん》二十行の偈《げ》の色読とは、つまり「大事の難四度、二度はしばらくおく。王難二度に及ぶ」ということになるのである。

大難四箇度とは(1)松葉《まつば》が谷《やつ》草庵焼打ち(2)伊豆伊東の流罪(3)小松原の法難(4)佐渡流罪（竜口法難をふくむ）である。

松葉が谷草庵の焼打ちがあったのは、文応元年（一二六〇）聖人三十九歳の八月二十七日のことであった。この年七月十六日立正安国論が宿屋《やどや》光則《みつのり》を通じて北条時頼《ときより》に上呈されている。これが幕府上層部の怒りをかい、また日蓮聖人のはげしい念仏批判に恨みをいだいた諸大寺の僧や信徒らは、この機に乗じて聖人を暗殺せんものと、数百人をもって松葉が谷の草庵を襲撃した。

「国主の御用いもない法師であってみれば、殺したとて別に罪科には問われまい、と思ったのであろうか。念仏者並びに檀那たち、また然るべき要路の人の同意もあったにや聞いているが、夜中に日蓮の小庵へ数千人おしよせ、殺害しようとしたが、どうしたことであろうか、その夜の害もまぬがれました」（下山御消息、一三三〇頁）とある。

然るべき要路の人の同意とは、時の執権長時《ながとき》の父、極楽寺入道重時《しげとき》をさしている。重時は法然の高弟証空の門人修観《しゅうかん》に従って入道しており、執権の父として幕府に隠然たる勢力を持ち、また小松原の難の時の東条景信の主家にあたる。

第二に伊豆伊東の法難である。松葉が谷草庵焼打ちのあと聖人は一時鎌倉を離れ、下総《しもふさ》の富木氏の宅に身をよせた。この時、曽谷教信、太田乗明、秋元太郎兵衛などの武士たちが入信している。

その後、翌弘長元年（一二六一）晩春か初夏のころ松葉が谷にかえり、前にもまして激しい折《しゃく》伏《ぶく》の説法を始めたからたまらない。念仏者たちは町方の有力者を語らって日蓮の悪口を処罰するよう幕府に訴えた。

貞永式目《じょうえいしきもく》（鎌倉幕府の法律）第十二条に、

「右、闘殺《とうさつ》ノ基《もと》、悪口《あっく》ヨリ起ル。其ノ重キ者ハ流罪ニ処セラレ、其ノ軽キ者ハ召籠《めしこ》メラルベキナリ」とある。幕府は念仏者の告訴をとりあげ、審理することもなく、五月十二日日蓮を伊豆の国へ流罪に処した。

「日蓮が去る五月十二日流罪の時、河奈《かわな》の津について、まだ何という処とも知らず、船からあがって苦しんでおったのを、親切に介抱《かいほう》してくれたことは、いかなる前世の因縁であろう。定めてこれは、過去に法華経の行者であったが、今末法の世に船守《ふなもり》の弥三郎《やさぶろう》となって、日蓮をあわれみ救って下さったのだろうか」（船守弥三郎御書、二二九頁）

流罪の赦免《しゃめん》があったのは、弘長三年（一二六三）二月二十二日のことであった。

第三に、小松原の法難である。伊豆赦免の後、父の墓参と、母の病篤しとの報に、立教開宗（建長五年、一二五三）以来の故郷に向った。「可延定業書《かえんじょうごうしょ》」（文永十二年、真蹟中山法華経寺）によると、小湊の生家を訪れた時、老母は息絶えてしまっていたが、聖人の祈りで蘇生恢復《そせいかいふく》し、その後四年寿命を延べたとある。十分の孝養をつくしたあと、十月十四日華房《はなふさ》の蓮華寺《れんげじ》で師道善《どうぜん》坊《ぼう》と再会されている。暫らく、ここ蓮華寺に滞在ののち、天津の工藤左近将監吉隆《くどうさこんしょうげんよしたか》の招きで十一月十一日、冬の短い日の暮れかけた申剋《さるのこく》（午後四時—六時）東条の小松原にさしかかり、東条景信の一党に襲われ、工藤吉隆、鏡忍坊《きょうにんぼう》は討死、聖人自身も疵《きず》をうけられた。その時の様子は、第六話でふれたように「南条兵衛七郎殿御書」にくわしい。

「今年も十一月十一日、安房《あわ》の国、東条の松原という街道で、日の暮れがた、待ち伏せていた数百人の念仏者に戦をしかけられた。こちらは総勢十人ばかり、そのうち役に立つ者はわずかに三、四人。射《い》る矢は雨のよう、打つ太刀は雷《いなずま》のようで、弟子一人はその場で殺され、二人は重傷を負い、自身も切られたり、打たれたり、ついには命まで危ないほどであったが、どうしたことか打ちもらされて今日まで生きている。この迫害に逢うても、法華経の信心はますばかりである」（三二六頁）

とある。

第四は佐渡流罪である。古来竜口法難をあわせて一つの難とする。日蓮聖人御自身の後年の述懐にも「去る文永八年九月十二日に都《すべ》て一分の科《とが》もなくして佐土《さど》の国へ流罪せらる。外には遠流《おんる》と聞えしかども、内には頸《くび》を切ると定めぬ」（下山御消息、一三三二頁）とある。

以上の四度の大難のうち、松葉が谷草庵焼打ちと、小松原の法難は、いわば私難であるので「しばらくおく」とされ、伊豆伊東の流罪、佐渡流罪はいずれも幕府の命令によったもので「王難すでに二度」と述べられたのである。

⑯　今《いま》、法華経《ほけきょう》の時《とき》こそ、女人成仏《にょにんじょうぶつ》の時《とき》悲母《ひも》の成仏《じょうぶつ》も顕《あら》われ、達多《だった》の悪人成仏《あくにんじょうぶつ》の時《とき》慈父《じふ》の成仏《じょうぶつ》も顕《あら》われる。

（開目抄《かいもくしょう》、五九〇頁）

第十四話のところで開目抄の概要を述べたが、宝塔品《ほうとうほん》の三箇《さんが》の勅宣《ちょくせん》につづく、提婆品《だいばほん》の悪人成仏、女人成仏に関する一節である。

提婆品において仏は「提婆達多《だいばだった》はその後、無量劫を過ぎて、まさに仏と成ることを得べし。号《な》をば天王如来《てんのうにょらい》（略）と曰い、世界をば天道《てんどう》と名づけん」とある。涅槃経《ねはんぎょう》には悉有仏性《しつうぶつしょう》（悉く仏性有り）という理論は説かれているが、その実際の例はこの提婆品にある。善星比丘《ぜんしょうびく》や阿闍世王《あじゃせおう》（マガダ国の王子で、提婆にそそのかされ、父のビンビサーラ王〔頻婆沙羅王《びんばしゃらおう》〕を幽閉して王位を奪う）等の無量の五逆謗法《ごぎゃくほうぼう》の者を代表して、ここに提婆があげられているので、あらゆる五逆、七逆、謗法、闡提《せんだい》のものみな成仏することが説かれている。

また八才の竜女が成仏したということは、ただこの竜女一人の成仏をいうのではなく、あらゆる女人の成仏を物語っている。法華経以前の小乗の経典では女人は五障三従《こしょうさんじゅう》と低い地位に落されて成仏はかなわなかった。これに対して大乗経典では女人の成仏を許すようだけれども、「改《かい》転《てん》の成仏《じょうぶつ》」である。改転とは「展転隔生《てんでんかくしょう》」といわれ、女人が女身を改め男身となって成仏することや、悪人が善人となって始めて成仏するというように、法華経のような「即身成仏《そくしんじょうぶつ》」ではない。一念三千の教理によって始めて即身成仏が可能になるので、諸大乗経の女人成仏は名あって実なきものである。「挙一例諸《こいちれいしょ》」ということがある。一をあげて諸を例す、つまり竜女の成仏をもって末代の女人成仏の道を示したものである。儒教や道教は過去、未来を知らない。だから未来の父母をたすけることはできない。インドのバラモン教は過去、未来を知ってはいるが、三世の因果の道理を知らないから、真の父母の孝養とはならない。また仏教に入って法華経以前の諸経は、十界互具《じっかいこぐ》、百界千如《ひゃっかいせんにょ》、一念三千の理を説かないから、自身の成仏もおぼつかない、まして父母をや、である。

今法華経に入って女人成仏の文証、道理、現証の三証具足して、はじめて我が母も成仏出来ることが明らかになり、また提婆達多《だいばだった》成仏の実証によって慈父も成仏できることが明らかにされたのである。

日蓮聖人の檀越には女性が多く、女人成仏を力説しておられる。初期には「女人成仏鈔《にょにんじょうぶつしょう》」「薬王品得意鈔《やくおうぼんとくいしょう》」（真蹟現存）、「女人往生鈔《にょにんおうじょうしょう》」「法華題目鈔《ほっけだいもくしょう》」（真蹟現存）等がある。

⑰ 日蓮《にちれん》と云《い》いし者《もの》は去年《こぞ》九月十二日子丑《ねうし》の時《とき》に頸《くび》はねられぬ。此《これ》は魂魄佐土《こんぱくさど》の国《くに》にいたりて返年《かえるとし》の二月雪中《せっちゅう》にしるして有縁《うえん》の弟子《でし》へおくれば、おそろしくておそろしからず、みん人いかにおじずらん。

（開目抄、五九〇頁）

私はこの一節を日蓮聖人の数ある御遺文のなかの白眉《はくび》であると信ずる。というよりも、日蓮聖人の日蓮聖人たる所以《ゆえん》の最も鮮明に示されている御文章ではないかと思う。教義上から云えば、もちろんあとに観心本尊抄《かんじんほんぞんしょう》があって、仏教教学上深奥の教えが展開されてはいる。だが、生身《しょうしん》の日蓮聖人の雄叫《おたけ》びを私はここに聞くのである。「生身の」と言ったが、その「生身の」日蓮聖人が、ここに死して「永遠の相の下に」私たちに呼びかけられている言葉であると思うのである。

鎌倉時代の仏教者として常に親鸞、道元、日蓮と並び称されながら、とかく親鸞と道元については多くを語られるにもかかわらず、日蓮聖人については余り多くを語られない、というのが知識人と称する人たちの通例である。

所詮、親鸞と道元は個人の救済について力強い呼びかけをしているが故に、一般人の関心をよび起すのであろう。ところが、日蓮聖人は、あくまでも社会環境の浄化ということをかたときも忘れられなかった。

仏教とひとことで言うならば、その特色は何であろう。縁起《えんぎ》というほかはない。仏陀以来の長い歴史と、広い空間的ひろがりを持つ仏教を、もし一つの束でひっくるめるとするならば、「縁起」のほかはあるまい。その縁起とは、すべての存在するものは、あまたの条件にささえられてある、ということである。この私が、いま、ここにある――そのために網の目のような、あまたの条件が、この私をささえているのである。ということは、この私の救われることは、そのままこの社会の救われることと一つではないだろうか。

法華経の信仰に生きた宮沢賢治が、「世界中が幸せになるまで、私の幸せはない」と言った、まさにその通りなのである。

日蓮聖人の言わんとするところも、まさにそこにある。そのために死身弘法《しんくほう》されたのである。結局、大難四箇度、小難数知れず。しかも法華経には末法にこの経を弘通せんとするものには数多の苦難、迫害はかり知れず、とある。

日蓮聖人の教えを佐渡以前と佐渡以後にわけ、佐渡以前を「爾前《にぜん》の経とおぼしめせ」つまり、仏の法華経以前と同じだと心得よ、と云われる。というのは、今、ここに掲げられた文のように、日蓮と云いし者は、竜の口で頸《くび》切られてしまったのである。以後の日蓮はただその「たましい」が物語るのだ、という。だから、そんな「たましい」の語ることなれば、あるいは「おそろしい」であろう。しかし日蓮の真の弟子檀那にとってみれば、むしろ「なつかしい」のである。「おそろしからず」といわれるのである。

しかし念仏、禅、真言。日蓮聖人のおっしゃる謗法《ほうぼう》の徒にとっては「いかにおじぬらん」となるのである。

「生身の」日蓮聖人は文永八年九月十二日竜の口に於いて死し、「永遠の相の下に」私たちに呼びかけておられるといった。それはとりもなおさず本化上行菩薩再誕《ほんげじょうぎょうぼさつさいたん》の自覚のもとに立っておられるということにほかならない。勧持品《かんじほん》二十行の偈の色読という宗教体験の上に上行再誕の自覚が生まれたのである。

この書は、日蓮聖人の「かたみ」であると述べられてある。所詮、畢生《ひっせい》の御書と拝すべきであろう。

⑱ 我《わ》れ日本《にほん》の柱《はしら》とならん、我《わ》れ日本《にほん》の眼目《がんもく》とならん、我《わ》れ日本《にほん》の大船《たいせん》とならん。
（開目抄、六〇一頁）

三大誓願《せいがん》である。第十四話に掲げた開目抄の概要によって、この一文の前後をふりかえってもらいたい。もと一橋大学学長であった上原専禄氏が日蓮宗宗務院で行なわれた講演の記録である「誓願論」(未来社刊、『死者・生者―日蓮認識への発想と視点』―所収)はまことに真摯《しんし》で傾聴《けいちょう》すべきところが多い。

誓願とは何か。法華経方便品にある、

「舎利弗《しゃりほつ》、当《まさ》に知るべし、我れ本《も》と誓願《せいがん》を立つ、一切の衆をして我が如く等《ひと》しくして異《こと》なることなからしめんと欲《ほっ》しき。我が昔《むかし》の所願《しょがん》の如きは、今すでに満足しぬ。一切衆生を化して皆仏道に入らしむ」

すべての人をして我と等しくして異なることのないように、という仏陀の誓願の成就したことが示されているのであります。

これは言うまでもなく迹門《しゃくもん》の釈迦如来であります。この迹門の釈迦如来に対して、勧持品《かんじほん》、安《あん》楽行品《らくぎょうほん》で滅後の弘経《ぐきょう》を誓う諸菩薩の誓願は、一たん釈尊によって拒否され、上行菩薩を始めとする地涌《じゆ》の菩薩が出現され、久遠《くおん》の本仏である釈尊は、寿量品自我偈《じゅりょうほんじがげ》の末尾で、

「毎《つね》に自《みず》から是《こ》の念《ねん》をなす、何《なに》を以《もっ》てか衆生《しゅじょう》をして、無上道《むじょうどう》に入ることを得《え》て、速《すみや》かに仏身《ぶっしん》を成就《じょうじゅ》せしめんと」

と誓願されるのであります。そして神力品《じんりきほん》において上行等の地涌《じゆ》の菩薩が滅後の弘経《ぐきょう》を誓われ、つづいて嘱累品《ぞくるいほん》において、地涌の菩薩を除く諸菩薩にも未来世における弘経を付嘱《ふぞく》され、「世尊の勅の如く、まさに奉行すべし」と誓願されるわけであります。

法華経はいわば釈尊の誓願を骨子とした経典であります。

その釈尊の誓願を歴史的現実であるこの日本において実践しようという決意こそが、日蓮聖人の三大誓願であるわけです。

すでに開目抄の概要において述べてきたように、日蓮聖人は、くりかえし、法華経の行者であるこの日蓮に、諸天の加護がないのか、と問いつめてこられました。

しかしここで一転「詮《せん》ずるところは天も捨てたまえ、諸難にもあえ、身命を期《ご》とせん」と一八〇度の転回を示されます。その基盤はどこにあるのか、「本《も》と願《がん》を立《た》つ」という一点にあります。かねてからの誓願、つまり日本の柱とならん、日本の眼目とならん、日本の大船とならん、という誓願に立脚し、もはや天の加護も、大難も、ものの数ではない、と仰せられているのです。その根底になるのはいうまでもなく、法華経の釈尊の誓願の実践にほかなりません。

我らは、法華経における釈尊の誓願を、仏の大慈悲としていただき、それに対する感謝と報恩の心をこめて、この歴史的現実の世界で、それを実修《じっしゅう》するのです。そこに日蓮聖人の三大誓願があると考えられるのであります。

### ⑲ つたなき者《もの》のならいは約束《やくそく》せし事《こと》をまことの時《とき》はわするるなるべし。

（開目抄《かいもくしょう》、六〇四頁）

門弟たちをいましめられた文の一節であるが、この前後身にしみるようなお言葉が見られる。これに先立って涅槃経《ねはんぎょう》の貧女の話がある。

住むべき家もなく力になる身寄《みよ》りもない貧しい女の人が、病体をひきずりながら乞食《こじき》して歩いているうちに、ある宿屋で一人の子を産み落した。ところが宿の主人は、無慈悲にもこのあわれな貧しい母子を追い出した。貧しい女の人は、産後まだ日も浅いのに、この子を抱《だ》いて他国へ行こうとしたが、その途中で暴風雨にあい、寒さと苦しみにおそわれ、また蚊《か》や虻《あぶ》や蜂《はち》などの害虫におそわれ、さんざん苦しめられた。そしてガンジス河を渡ろうとして押し流され、急流のなかでしっかと子をいだいて、ついに母子ともども水没してしまった。この貧女は、ただ子を思う慈悲の一念の功徳《くどく》で、亡《な》くなってから梵天《ぼんてん》に生れることが出来たというのである。涅槃経はなおこのことを例にとって正法《しょうぼう》を護らんとするものは、すべからくかの貧女がただ一念、子を思う慈悲の故にいのちを捨てたように、身命《しんみょう》を捨ててかかれ。そうすれば貧女が求めずして梵天《ぼんてん》に生れたように、「解脱《げだつ》を求めずといえども解脱自《おのずか》ら至る」と教えられている。

この涅槃経の教訓のように、いかに諸難がふりかかってきても、疑いの心をすてて、信心に精《しょう》進《じん》すれば「解脱を求めずといえども解脱自ら至る」、必ず成仏の目的を達することができる。諸天の加護なきことを疑ってはならぬ。現世《げんぜ》の安穏《あんのん》でないことを歎《なげ》いてはならぬと、朝夕教えてきたのだけれど、それにもかかわらず、いざとなればこの教訓を忘れ、疑いをおこして皆教えを捨てさってしまった。

とかく小人の常として平素約束したことをいざという時に忘れるものである、と教えられている。

この後《あと》に日蓮聖人は、人の世で最も憂《う》くつらい妻子との別れによせて、さらに覚悟のほどをうながしておられる。

妻子とのこの世での別れは悲しいものである。しかしよく考えてみるのに、生々《しょう》世々《せ》長い間に納得《なっとく》づくで別れたことが果《はた》してあり得るだろうか。あるいはまた仏道修行のために別れたというようなことがあるだろうか。いつの世でも別れる時は寿命《じゅみょう》がつきて嘆《なげ》きのうちに別れるのである。どうせ別れなければならないのなら、この法華経に身をささげ、法華経の信心に生きて、霊山《りょうぜん》に成仏して、その上で妻子を救うことを心がくべきである。

弟子、門弟に対する、いましめの言葉であるがお互の心にしみるものがある。

○

世俗の世界にかえってみても、この言葉は大きな教訓を垂れている。考えてみれば、人間の世では、いろいろの教訓があり、それぞれ平素は理解しているつもりである。しかし肝心のいざという時、すっかり忘れてしまうのである。火災や地震について、かねがね多くのことが教えられ、或いは平素訓練が行なわれる。しかし、いざという時、果《はた》してどれだけそれを生かすことが出来るか、誠に不安なものが多いのがこの世のならわしではなかろうか。

⑳ 日蓮《にちれん》の御免《ごめん》を蒙《こうむ》らんの事《こと》、色《いろ》に出《だ》す弟子《でし》は不孝《ふこう》の者《もの》なり、聊《いささ》かも後生《ごしょう》を扶《たす》くべからず。

（原漢文、真言諸宗違目《しんごんしょしゅういもく》、六三八頁）

文永《ぶんねい》九年（聖人、五十一歳）五月五日、佐渡一《いち》の谷《さわ》より、富木常忍《ときじょうにん》を通じ門下一同に与えられた御書で、真蹟は中山法華経寺にある。この年一月十六日塚原問答にて念仏者たちを論破され、二月開目抄を撰述、同四月一の谷に移られて程ないころのことである。

本書の末尾に「去年《こぞ》九月十二日の夜中には虎口《ここう》を脱《のが》れたるか」とある。自分は末法に出現した主・師・親三徳の如来の使である。教主釈尊の加護によって竜の口の虎口も脱れたのである。日蓮の流罪が早々に赦《ゆる》されないのを嘆いてはならない。「定んで天、之を抑《おさ》うるか」赦《ゆる》されないについては、天の配慮によってのことであろう。仔細《しさい》あってことさら日蓮の赦免《しゃめん》をしばらくおさえられているのだろう。だから日蓮の早く赦《ゆる》されるようにと、顔色に出すものがあれば、これは不孝ものである。そんなものは後生《ごしょう》をたすけるわけにはいかぬ、ときっぱりと断言しておられるのである。

さきにもいうように、この年、一月には塚原問答で念仏者たちを論破せられ、二月には人開顕《にんかいけん》の書といわれる開目抄《かいもくしょう》を撰述せられて、法華経行者日蓮に何故諸天の加護がないのかという問題を問いつめた末に、三大誓願《せいがん》をたてられ、「詮《せん》ずるところは天もすて給え、諸難にもあえ、身《しん》命《みょう》を期《ご》とせん」と、死身弘法を宣告されている。そしてその二月十一日には、日蓮聖人の予言の如く、自界叛逆難《じかいほんぎゃくなん》（北条時輔《ときすけ》の乱）おこる。

いわば日蓮聖人は法華経信仰の精神に裏付けられた堂々の確信を持って望んでおられたのである。この北条時輔《ときすけ》の乱のあと、弟子たちが赦《ゆる》されている。日蓮聖人赦免《しゃめん》を求めるうごきが鎌倉にあったことであろう。それ故のこの言葉であろう。

しかし日蓮聖人自身、この四月最蓮房《さいれんぼう》にあてられた消息に、「日蓮があなたに先立って赦《ゆる》されたならば、鎌倉に帰ってあなたをも天に申して京都へお帰し申しましょう」と仰せられている。赦免《しゃめん》についての予見をすでに持っておられたと考えられる。

ともあれ、確信にみちた日蓮聖人のお姿をここに見るのである。かくて観心本尊抄《かんじんほんぞんしょう》の撰述とはなるのである。

㉑　釈迦仏《しゃかぶつ》と法華経《ほけきょう》の文字《もんじ》とはかわれども、心《こころ》は一《ひと》つなり。然《しか》れば法華経《ほけきょう》の文字《もんじ》を拝見《はいけん》せさせ給《たも》うは、生身《しょうしん》の釈迦如《しゃかにょ》来《らい》にあいまいらせたりとおぼしめすべし。
（四条金吾殿御返事《しじょうきんごどのごへんじ》、六六六頁）

真蹟《しんせき》は未詳《みしょう》だが古来真撰《こらいしんせん》としては偽疑《ぎぎ》はない。四条金吾殿《しじょうきんごどの》が文永九年（一二七二、聖人五十一歳）七月、亡母の第三回忌にあたって追善のため、はるばる佐渡在島の日蓮聖人に使をもって供養の品をささげたのに対し、聖人は九月八日この書をしたため、その志を感謝されたものである。別名「梵音声御書《ぼんのんじょうごしょ》」ともいう。

四条金吾とは四条中務三郎左衛門尉頼基《なかつかささぶろうさえもんのじょうよりもと》のこと。日蓮聖人の四大檀越の一人。父の中務頼員《よりかず》は承久の乱（一二二一）後、北条一門の江島朝時《ともとき》、光時《みつとき》に仕え、その子金吾はその後をうけて武をもって光時、その子親時《ちかとき》に仕えた。中務とは父以来の官職。三郎は通称。左衛門尉とは武の官職で、その唐名によって金吾といった。

建長年間鎌倉の辻説法で池上兄弟とあい前後して入信。以来生涯日蓮聖人を親の如く慕い、生活のすべての相談に日蓮聖人の指示を仰いでいる。竜口法難に際し、日蓮聖人に殉死《じゅんし》しようとしたことは有名で、また佐渡へは自身も海をわたり、使を送って供養の品々をもとどけている。建治三年（一二七七）第八話でふれた三位房《さんみぼう》と竜象房《りゅうぞうぼう》の問答に関連して、江馬光時から日蓮と法華経からの退転の起請文《きしょうもん》を出すよう命ぜられた。金吾は直ちに領地没収を覚悟の上で不退転の旨と、その顛末《てんまつ》を身延の日蓮聖人に送った。日蓮聖人はこれに対し、金吾の名のもとに、「頼基陳状《よりもとちんじょう》」を起草して江馬氏に送った。翌年事態は好転、新しい土地さえ与えられるにいたった。

金吾は医術に明るく、身延在山中の聖人はしばしば金吾の薬を服しておられる。直情径行《ちょくじょうけいこう》、生一本《きいっぽん》な性格で、終始法華経と日蓮聖人にその信仰をささげた人である。晩年、身延に端場坊《はばのぼう》を創して日蓮聖人の御廟《ごびょう》に服喪給仕《ふくもきゅうじ》した。

○

この御書ではインド、中国、日本の三国にわたって国王の善悪によって国に盛衰興亡のあることを述べ、仏法と王法が合致すれば容易に流布し、一致せざれば容易に流布しがたいことを事実をあげて述べ、法相《ほっそう》、真言《しんごん》、華厳《けごん》、浄土《じょうど》について論評を加えつつ聖人の立場を明かされている。

さらに進んで供養の品々に対する感謝と、如来の使徒《しと》たる日蓮を供養するのは、無数の仏を供養するに勝ると賞讃され、最後に一代聖教の中で、法華経は三仏証明《さんぶつしょうみょう》の真実の教で万徳兼備《まんとくけんび》の所以《ゆえん》を述べ、法華経は釈尊のみ声（梵音声《ぼんのんじょう》）をそのまま文字に写したものであるから、法華経はさながら生身《しょうしん》の釈尊であると結んでおられる。

○

日蓮聖人は建治元年（一二七五、聖人五十四歳、身延在山）九月二十八日、富木殿にあてられた「御衣並単衣御書《おんころもならびにひとえごしょ》」（真蹟現存）の中で、

「法華経の文字は六万九千三百八十四文字、一字は一仏なり。此仏は再生敗種《さいせいはいしゅ》を心腑《しんぷ》とし、顕本遠寿《けんぽんおんじゅ》をその寿《いのち》とし、常住仏性《じょうじゅうぶっしょう》を咽喉《いんこう》とし、一乗妙行《いちじょうみょうぎょう》を眼目とせる仏なり。応化非真仏《おうけひしんぶつ》と申して三十二相、八十種好《しゅごう》の仏よりも、法華経の文字こそ真の仏にわたらせ給候え」（一一一一頁）と仰せられている。

「再生敗種《さいせいはいしゅ》」とは、成仏の種をくさらせた二乗を成仏させる、再生させるということ。「顕本遠寿《けんぽんおんじゅ》」とは法華経寿量品における久遠実成《くおんじつじょう》の開顕《かいけん》であり、「常住仏性《じょうじゅうぶっしょう》」とは、悉有仏性、つまりすべてものみな仏性《ぶっしょう》を具すること、「一乗妙行《いちじょうみょうぎょう》」とは一乗妙法蓮華経の修行である。

「応化非真仏《おうけひしんぶつ》」とは、この世に応現《おうげん》され三十二相、八十種好《しゅごう》（仏のみにそなわるすぐれたお姿）の仏のことである。

すでにくりかえし述べてきたように、日蓮聖人は、一代聖教の中で法華経こそ三仏証明《さんぶつしょうみょう》の真実の教であることを力説してこられたが、ここで法華経の一字一字が、すなわち真仏であると、仏の心が文字となって現われたものであると述べられている。

また「木絵二像開眼之事《もくえにぞうかいげんのこと》」（文永十年、真蹟、身延曾存）にも、「滅せる梵音声《ぼんのんじょう》（仏のみ声）かえて形をあらわして文字と成って衆生を利益《りやく》するなり」（七九二頁）とも仰せられている。

㉒　**無顧《むこ》の悪人《あくにん》も猶《な》お妻子《さいし》を慈愛《じあい》す。菩薩界《ぼさつかい》の一分《いちぶん》なり。**

（原漢文、観心本尊抄《かんじんほんぞんしょう》、七〇五頁）

観心本尊抄である。正しくは「如来滅後五五百歳始観心本尊抄《にょらいめつごごごひゃくさいしかんじんほんぞんしょう》」という。開目抄撰述の翌文永十年（一二七三）四月二十五日、一《いち》の谷《さわ》で撰述された。聖人五十二歳。自から「当身《とうしん》の大事《だいじ》」と仰せられた、日蓮教学の核心が説かれている。

天台智者大師、摩訶止観《まかしかん》第五の文をあげて、一念三千論《いちねんさんぜんろん》を展開、一念三千こそ法華経の珠であるとし、さらに日蓮聖人独自の立場から我等凡夫の己心《こしん》に教主釈尊の住みたもうことを明し、凡《ぼん》夫所居《ぶしょこ》の娑婆《しゃば》世界こそ本仏所住の浄土であるとする。その姿を本尊として述べられ、末法の我ら南無妙法蓮華経の五字七字を唱えることこそ成仏の直道《じきどう》であることが述べられてある。

前半一念三千について問を設けて詳細にこれを問いただしていく。

一念三千とは、我々の刹那《せつな》の一念に、森羅万象《しんらばんしょう》、すべての現象《げんしょう》世界が収《おさ》められているということで、三千とは、華厳経《けごんぎょう》の十界《じっかい》、大智度論《だいちどろん》の三世間《さんせけん》、そして何よりも法華経方便品の十如是《じゅうにょぜ》。十界が互いに十界を具する、つまり十界互具《じっかいごぐ》、百法界となり、一界に十如是と三世間をかけあわせて三十種の世間となる。百法界に三十種の世間があるとて、三千の世間となるのである。

そこで人界に他の九界（地獄《じごく》、餓鬼《がき》、畜生《ちくしょう》、修羅《しゅら》、天《てん》、声聞《しょうもん》、縁覚《えんがく》、菩薩《ぼさつ》、仏《ぶつ》）がそなわっている、ということについて、まず六道《ろくどう》（地獄から天まで、迷いの世界）がそなわっているということについて——

「他人の顔を見るに、あるときは喜び、あるときは瞋《いか》り、あるときは平《たい》らかに、あるときは貪《むさぼ》りの心あらわれ、あるときは痴《おろか》に、あるときはこびへつらい、ねじ曲《まが》っている。瞋《いか》るのは地獄、貪《むさぼ》るのは餓鬼、痴《おろか》なるは畜生、こびへつらい、ねじ曲っているのは修羅、喜ぶのは天、平かなるは人間である」（紀野一義訳、日本の名著「日蓮」）

つづいて声聞《しょうもん》、縁覚《えんがく》、菩薩《ぼさつ》、仏《ぶつ》の四聖《ししょう》について問う。その冒頭ここにあげた一文がある。「無頼の悪人もなお、妻子を愛する。これ菩薩界の一分である」（紀野一義訳）と。

兇悪な犯罪人が、両親や妻子の居る実家に立寄ったところを逮捕された、というような例はよく聞くことである。悪人にはちがいないが、その兇悪な犯罪人の心のなかにも、菩薩界の一分がある、ということである。

観心本尊抄では、これにつづいて、なるほど人界に地獄、餓鬼、畜生、修羅、天、声聞、縁覚、菩薩の八界がそなわっていることはうなずけたが、われらのこの下劣な心に「仏界」がそなわっているとは、いかようにしても信じがたいと問う。

これに対して、これは水中の火、火中の水のようなもので、まことに信じ難いことであるが、しかし現実の証拠がある。

中国の理想的な帝王であった堯《ぎょう》、舜《しゅん》などの聖人《せいじん》が万民をいつくしむかたよらぬ心をもっていたのは、まさに人界にそなわった仏界の一分であり、法華経第二十章の常不軽菩薩品《じょうふきょうぼさつほん》のなかで、不軽菩薩《ふきょうぼさつ》が、見る人ごとにその人のなかに仏身を見たということ。またインドに生れたゴータマ・シッダールタ（出家前の釈尊の名）が人間から仏になった。これらはまさに現実の証拠である。

また法華経方便品に、釈尊出世《しゅつせ》の一大事因縁《いちだいじいんねん》は、「衆生をして仏知見《ぶっちけん》を開《かい》、示《じ》、悟《ご》、入《にゅう》せしめん」とある。衆生に仏界がないならばいかにして可能であろうか。ここに、人界に仏界のそなわることが示されている、というのである。

㉓　釈尊《しゃくそん》の因行《いんぎょう》果徳《かとく》の二法《にほう》は妙法蓮華経の五字に具足《ぐそく》す。

（原漢文、観心本尊抄《かんじんほんぞんしょう》、七一一頁）

論をすすめていって、最終的に再度「凡心《ぼんしん》に仏を具《ぐ》する」疑いを設け、これに答えられる一節である。無量義経十功徳品《むりょうぎきょうじゅうくどくほん》、法華経方便品、涅槃経文字品《ねはんぎょうもじほん》（南本）、大智度論《だいちどろん》、大乗四論玄義《だいじょうしろんげんぎ》、吉蔵《きちぞう》の法華義疏《ほっけぎしょ》、法華玄義《ほっけげんぎ》等の文をあげ、以上によって凡心《ぼんしん》に仏を具《ぐ》するの義は明らかであるが、上の引文の意を総合すると、としてここに掲げた文を述べられている。

「我らこの五字を受持すれば」とは我らから仏に向って「受持《じゅじ》」する、これが事《じ》の一念三千《いちねんさんぜん》の観心行《かんじんぎょう》である。それにこたえて「自然《じねん》に彼《か》の因果《いんが》の功徳《くどく》を譲《ゆず》り与《あた》え給《たも》う」いわゆる自然譲与《じねんじょうよ》となり、ここに仏凡一体《ぶつぼんいったい》の成仏《じょうぶつ》となるのである。

天台大師の摩訶止観《まかしかん》に展開された精密な理論的追求は、ここに一転して今、ここに、かく生きている、この私の成仏という事実に現成《げんじょう》するのである。理《り》の一念三千から、事《じ》の一念三千への一八〇度の転回である。

唱題の一行によって、釈尊が成道までに実践されたあらゆる修行と、その結果得られた万徳を「自然譲与《じねんじょうよ》」されるのである。いわば日蓮聖人の宗教の実践的究極がここに示されているのである。

日蓮聖人は「松野殿後家尼御前御返事《まつのどのごけあまごぜんごへんじ》」（弘安二年、聖人五十八歳、身延）に、

「また上宮太子《じょうぐうたいし》と申せし人、唐土《とうど》より始めて仏法渡《わた》させ給《たま》いて、それより以来今に七百余年の間、

一切経ならびに法華経はひろまらせ給いて、上一人より下万人に至るまで、心あらん人は法華経を一部、或は一巻、或は一品持《たも》ちて或は父母の孝養とす。されば我等も法華経を持《たも》つと思う。しかれども未だ口に南無妙法蓮華経とは唱えず。信じたるに似て信ぜざるが如し」（一六三〇頁）とある。いかに法華経を信ずるという人も、南無妙法蓮華経と高らかに口唱《くしょう》すること、唱題行《しょうだいぎょう》の実践がなければ、成仏はかなわないのである。唱題行こそが、末法の法華経信仰の核心であることを述べられているのである。

㉔ 今《いま》、本時《ほんじ》の娑婆《しゃば》世界《せかい》は三災《さんさい》を離《はな》れ、四劫《しこう》を出《い》でたる常住《じょうじゅう》の浄土《じょうど》なり。

（原漢文、観心本尊抄《かんじんほんぞんしょう》、七一二頁）

さきのところで、我らこの五字を受持《じゅじ》すれば、自然《じねん》に彼《か》の因果《いんが》の功徳《くどく》を譲《ゆず》り与《あた》え給《たも》う、とありました。それが事《じ》の一念三千《いちねんさんぜん》の観心行《かんじんぎょう》であると申しました。その事の一念三千の観心行においていただく世界を示されたのがこの一文であります。

今、ここに、かくある私が、唱題行《しょうだいぎょう》を通じて、遷滅無常《せんめつむじょう》のこの世にありながら、その無常をこえて永遠の姿に生きることであります。寿量品《じゅりょうほん》の肝心《かんじん》は「我れ常に此の娑婆《しゃば》世界《せかい》に在って説《せっ》法教化《ほうきょうけ》」される久遠《くおん》の本仏《ほんぶつ》のみ声を聞くことであります。日蓮聖人が、御義口伝《おんぎくでん》（二六六八頁）のなかで「霊山一会儼然未散《りょうぜんいちえげんねんみさん》」大聖釈尊が法華経をお説きになられた霊山会《りょうぜんえ》は、今さながらに厳然《げんぜん》とあるのであります。そしてこの我らの住むこの娑婆《しゃば》世界が、「我が此土《このど》は安穏《あんのん》にして天人常に充満《じゅうまん》」する浄土として現成《げんじょう》するのであります。

日蓮聖人は「守護国家論《しゅごこっかろん》」（正元元年、聖人三十八歳、真蹟身延曾存）に、

『問うて云く、法華経修行の者、何れの浄土を期すべきや。答えて曰く、法華経二十八品の肝心たる寿量品に云く「我れ常に此の娑婆《しゃば》世界に在り」と。亦云く、「我れ常に此に住す」と。亦云く、「我が此土は安穏の文」。此文の如くんば本地久成《ほんじくじょう》の円仏《えんぶつ》は此の世界に在《いま》せり、此の土を捨てて何れの土を願うべきや。故に法華経修行の者の所住《しょじゅう》の処《ところ》を浄土と思うべし。何ぞ煩《わずらわ》しく他処を求めんや。故に神力品《じんりきほん》に云く、若しは経巻所住《きょうがんしょじゅう》の処《ところ》、若しは園の中においても、若しは樹下においても、若しは僧坊においても、若しは白衣《びゃくえ》の舎《いえ》にても、若しは殿堂においても、

若しは山谷曠野《せんごくこうや》にても乃至《ないし》まさに知るべし、是《こ》の処《ところ》は即《すなわ》ち是《こ》れ道場なり」と』（原漢文）

○

観心本尊抄には、ここに掲げた文につづいて「仏、過去にも滅せず、未来にも生ぜず、所化《しょけ》もって同体《どうたい》なり」とあります。

さきにも申しましたとおり、遷滅無常のこの世にあって、しかもそれを越え、永遠の相のもとに、久遠実成《くおんじつじょう》の本仏《ほんぶつ》と真向《まむか》っている世界であります。本仏は永遠の仏であります。生滅をこえた世界の仏であります。そして能化《のうけ》の仏が永遠であってみれば、我ら、所化《しょけ》もまた永遠であるのです。いわゆる仏凡一体《ぶつぼんいったい》の世界が現成するのであります。

平安初期、当時の「今様《いまよう》」を集められた後白河法皇の梁塵秘抄《りょうじんひしょう》のなかに、

「仏は常にいませども、現《うつつ》ならぬぞあわれなる、人の音せぬ暁《あかつき》に、ほのかに夢に見え給う」

とあります。

自我偈にあります、柔和質直《にゅうわしちじき》、素直《すなお》な心で仏の実在を信ずることが出来る世界、それが信仰の核心ではないでしょうか。

## ㉕ 此《こ》の時《とき》、地涌千界出現《じゆせんがいしゅつげん》して、本門《ほんもん》の釈尊《ほんぞん》の脇士《きょうじ》となりて、一閻浮提第一《いちえんぶだいだいいち》の本尊《ほんぞん》、此《こ》の国《くに》に立《た》つべし。

（原漢文、観心本尊抄《かんじんほんぞんしょう》、七二〇頁）

法華経従地涌出品《じゅうちゆじゅっぽん》のはじめに、他方の国土から来集された菩薩たちが、仏の滅後の弘経《ぐきょう》を誓われたところ、釈尊は「止《や》みね、善男子、汝らが此の経を護持《ごじ》せんことをもちいじ」と制止され、その時大地は六種に震動《しんどう》して六万恒河沙《ごうがじゃ》（ガンジスの河の砂ほどの数をいう）の菩薩たち、上行《じょうぎょう》菩薩、無辺行《むへんぎょう》菩薩、浄行《じょうぎょう》菩薩、安立行《あんりゅうぎょう》菩薩らをかしらとして大地より涌出《ゆじゅつ》せられるのである。これに対して弥勒《みろく》菩薩を始めとする大衆は驚き、一体これはどうしたことですかとお尋ねする。それに答えて、寿量品《じゅりょうほん》が説かれ、「私は伽耶城《がやじょう》を去ること遠からざる道場に坐して（ブダガヤをさす）悟りを得た（これを始成正覚《しじょうしょうがく》という）と思っているであろうが、実は私が成仏したのは永遠の昔である（久遠実成《くおんじつじょう》の開顕《かいけん》）。それ以来常にこの娑婆《しゃば》世界にあって説法教化してきた」と始成正覚に対する本覚《ほんがく》の姿をお示しになるのであります。そして分別功徳品《ふんべつくどくほん》、随喜功徳品《ずいきくどくほん》、法師功徳品《ほっしくどくほん》、常不軽菩薩品《じょうふきょうぼさつほん》と説きすすみ、如来神力品《にょらいじんりきほん》に於いて、滅後の弘経《ぐきょう》を上行菩薩等の地涌《じゆ》の菩薩に付嘱《ふぞく》（依頼）されます。これを別付嘱《べつぷぞく》といい、次の嘱累品《ぞくるいほん》に於いて迹化《しゃっけ》の菩薩（弥勒菩薩等、地涌の菩薩出現まで迹門《しゃくもん》の菩薩）たちに、総別嘱《そうふぞく》を行なわれ、嘱累品のおわりに「諸仏各々所安《しょあん》に随いたまえ、多宝仏の塔、還《かえ》ってもとの如くしたもうべし」と、虚空会《こくうえ》の説法が終ります。

この従地涌出品《じゅうちゆじゅっぽん》から嘱累品《ぞくるいほん》まで、久遠実成《くおんじつじょう》の開顕《かいけん》、地涌《じゆ》の菩薩への別付嘱《べつぷぞく》を中心とするところを「本門八品《ほんもんはっぽん》」と申します。法華経のなかでの最も肝要な部分にあたるわけです。

この本門の八品において上行等地涌の菩薩に付嘱されたのが、南無妙法蓮華経の本尊であります。事《じ》の一念三千《いちねんさんぜん》たる本尊の姿を、日蓮聖人は次のようにお示しになっています。

「その本尊のありさまは、本師釈尊の国土である娑婆《しゃば》世界の上に、宝塔が空中に顕われ、塔中の妙法蓮華経の左右に釈迦牟尼仏《しゃかむにぶつ》、多宝仏《たほうぶつ》、釈尊の脇士《きょうじ》は上行等の四菩薩、文殊《もんじゅ》や弥勒《みろく》は四菩薩の眷属《けんぞく》として末座におり、垂迹《すいじゃく》の弟子や、他方からきた大小の諸菩薩は、万民が大地にいて殿《でん》上人《じょうびと》を見るように大地の上にいならんでいる。十方の諸仏も大地の上に処《こ》したもうが、これは垂迹《すいじゃく》の仏にはそれぞれ垂迹の国土があることを表示したものである。かくのごとき本尊は、仏の在世五十余年のあいだにはなかった。法華経八年のあいだにも、ただ涌出品《ゆじゅっぽん》から嘱累品《ぞくるいほん》までの八品を説かれた虚空会《こくうえ》に顕《あらわ》れたばかりである。」（七一二頁、紀野一義訳）と仰せられている。

日蓮聖人は文永十年（一二七三、聖人五十二歳）一の谷にて四月二十五日観心本尊抄を撰述され、同じ年の七月八日、始めて十界《じっかい》の曼荼羅《まんだら》を図顕《ずけん》されるのである。十界の曼荼羅はすでに観心本尊抄によって具体的に示されておられたので、それを図顕されるにいたったまでである。

事《じ》の一念三千《いちねんさんぜん》の観心行《かんじんぎょう》である唱題行《しょうだいぎょう》においていただく世界を「今、本時の娑婆《しゃば》世界は…」と説き示され、今ここに図顕されたのが十界《じっかい》の曼荼羅《まんだら》であります。我々の信仰の対象を明示されたのであります。

○

まことに卑近《ひきん》なお話にかわりますが、みなさまのおうちにお仏壇があります。御先祖のお位牌《いはい》がまつられています。正面にお曼荼羅、そして日蓮聖人のお像が安置されています。しかし我々の信仰の対象はあくまで、中央のお曼荼羅である、ということを再確認していただきたいのです。

私たちの本山（京都三条要法寺《ようぼうじ》）の規定には、「日蓮聖人の御尊像を安置することが出来る」とあります。そして厳密に言うならばお曼荼羅の下に「日蓮、在御判」とある、その高さで日蓮聖人のお像を安置するのが本来なのです。でも昔から「大師《だいし》は弘法《こうぼう》にとられ、祖師《そし》は日蓮にとられ」と俗にあります。お祖師様《そしさま》と云えば日蓮聖人をさすものとされています。日蓮聖人は言うまでもなく、法華経を末法《まっぽう》のこの世にお伝え下さった大導師《だいどうし》であります。でも信仰《しんこう》の対象《たいしょう》は、誰よりも日蓮聖人御自身が観心本尊抄で明示されたように、十界《じっかい》の曼荼羅《まんだら》であります。ただ日蓮聖人の流れをくむ宗派では、日蓮聖人に対する信仰が絶大で、私の寺でも正面のお厨子《ずし》一杯に日蓮聖人のお像がまつられ、十界曼荼羅《じっかいまんだら》はうしろにかくれているような結果になっています。しかしくりかえし申しますように、日蓮聖人の流れをくむ宗派では、いずれも祖師《そし》の人格を慕う余り、「お祖師様《そしさま》」への信仰は絶大でありますが、信仰の対象はあくまでお曼荼羅《まんだら》であります。

㉖ **天晴《てんはれ》れぬれば地明《ちあき》らかなり。法華《ほっけ》を識《し》る者《もの》は世法《せほう》を得《う》べきか。**

（原漢文、観心本尊抄《かんじんほんぞんしょう》、七二〇頁）

観心本尊抄の末尾に近い一文である。

「これをもってこれをおもうに、今や正法《しょうぼう》、像法《ぞうぼう》にもなかった大地震や大彗星《すいせい》が現われるのは、金翅鳥《こんしちょう》・阿修羅《あしゅら》・竜神《りゅうじん》等のする変動ではない、ひとえに四大菩薩を出現せしめる前兆であろう。天台大師は『雨の猛《たけ》きを見て、竜の大なるを知り、花の盛んなるを見て池の深きを知る』といっている。妙楽大師は『智人は起《き》（物のおこり）を知り、蛇はおのずから蛇を知る』といわれた。天、晴れぬれば、地、明らかである。法華を識《し》る者は世法《せほう》（世間の道理）を得べきか」（紀野一義訳）と。

金翅鳥《こんしちょう》とは経典にある「迦楼羅《かるら》」の訳で、修羅《しゅら》、竜神《りゅうじん》と共に八部衆《はちぶしゅう》である。いずれも仏法を護持する異類《いるい》である。大智度論《だいちどろん》によれば大地の震動《しんどう》や大海の波が一時に波動するのはこれら異類のしわざによるとある。

しかし、正法千年、像法千年の世に、いまだかつてなかったこの大地震や大彗星は、尋常一様なものではない。金翅鳥《こんしちょう》、修羅《しゅら》、竜神《りゅうじん》などのなす尋常なものではない。これこそは本化地涌《ほんげじゆ》の上行《じょうぎょう》等の四大菩薩が御出現になる前兆《ぜんちょう》である。天台大師や妙楽大師のお言葉のように、今この未曾有の天変地夭《てんぺんちよう》の由来をはっきりと知るべきである。

天晴れぬれば、地明らか——とは明々白々、至極当然のことである。そのように法華経を真に信仰するものは、この世法、天変地夭《てんぺんちよう》の由来が四大菩薩の出現の前兆であるということを明らかに知るべきである、との意である。

日蓮聖人は、立正安国論の冒頭に掲げられた度かさなる天変地夭《てんぺんちよう》に対して、一方で善神国を捨て、亡国の因であると指摘された反面、大法興隆の瑞祥《ずいしよう》であると指摘されているのであります。富木《とき》入道殿《にゆうどうどの》御返事（文永八年、佐渡にて）には「天台、伝教はほぼ釈《しやく》し給えども、これを弘《ひろ》め残せる一大事の秘法を此国に初めてこれを弘む、日蓮豈《あ》に其の人に非ずや。前相すでに顕われぬ。去る正嘉の大地震、前代未聞の大瑞なり」（五一六頁）と仰せられている。

また撰時鈔《せんじしよう》（建治元年、身延にて）には、

「此等の大謗法《ほうぼう》の根源をただす日蓮にあだをなせば、天神《てんしん》もおしみ、地祇《ちぎ》もいからせ給いて、災夭《さいよう》も起るなり。されば心うべし。一閻浮提《いちえんぶだい》第一の大事を申すゆえに最第一の瑞相《ずいそう》ここにおこれり」（一〇五二頁）

また呵責謗法滅罪鈔《かしやくほうぼうめつざいしよう》（文永十年、佐渡一谷）には、最も明瞭に「去る正嘉元年八月廿三日戌《いぬ》亥《い》の刻の大地震と、文永元年七月四日の大彗星。これらは仏滅後二千二百余年の間、未だ出現せざる大瑞なり」（七八五頁）と仰せられている。

法華経の会座《えざ》が始まろうとする序品のなかで、此土《しど》の六瑞《ろくずい》、他土《たど》の六瑞《ろくずい》といくつかの瑞相が説かれている。そのなかで大地が六種に震動したとある。

法華経の説相のなかで明示されている本化地涌《ほんげじゆ》の菩薩たちが仏陀の付嘱《ふぞく》をうけ末法の世に出現される、まさにこのことが実現しようとするこの時、大地震が起り、大彗星が出現したのである。そしてそれは「日蓮あにその人に非ずや」とのお言葉のように、まさに上行《じょうぎょう》菩薩《ぼさつ》再誕《さいたん》の自覚につながるものである。

（なおこの一文を、世法即仏法、法華経を識《し》るものは世間の道理にも明らかだ、という一般的な表現で解釈されるのは少なくとも観心本尊抄の日蓮聖人の意とはほど遠いとせねばならぬ）

㉗ 師弟共《していとも》に霊山浄土《りょうぜんじょうど》に詣《もう》でて三仏《さんぶつ》の顔貌《げんみょう》を拝見《はいけん》したてまつらん。

（原漢文、観心本尊抄副状《かんじんほんぞんしょうそえじょう》、七二一頁）

日蓮聖人が観心本尊抄にそえて富木殿に送られた送状である。この一文によって、日蓮聖人が観心本尊抄をお書きになった心のほどと、日蓮聖人の教えにとって如何に重大な御書であるかが判然とする。

日蓮「当身《とうしん》の大事《だいじ》」であるとある。一期《いちご》最大事《さいだいじ》の法門であるから軽々しく扱ってはならない。無二の信心を見届けた上で始めて開かれるべきものである。難問難答が多い、というのも仏滅後二千二百余年、いまだこの書の意を述べたものはない。だからこれを見聞するもの、耳目を驚動《きようどう》するであろう。しかし末法今の時、まさに広宣流布すべき時なればこそ、不惜身命《ふしやくしんみよう》、困難を顧みず、敢てここに説いた。本書を至心に一見する人たちともども、霊山浄土《りようぜんじようど》に往詣《おうけい》して、釈迦、多宝、十方分身の諸仏のお姿を拝しよう、と結ばれている。

〇

大難四箇度、小難数知れず。わけて竜の口、佐渡の法難は、門下の人たちばかりでなく、日蓮聖人の心を揺がすものであった。法華経を死身弘法《ししんぐほう》する日蓮を、天神地祇《てんしんちぎ》は何故守らせ給わぬのか、と自らも激しく問われた。そしてすでに肉体は死し、魂魄《こんぱく》佐渡の国に在って、本化上行《ほんげじようぎよう》菩薩《ぼさつ》再誕《たん》の自覚にいたられた。私はふと、聖書の「我れすでに生けるにあらず、キリスト我にありて生

ける なり」というパウロの言葉を思い浮べた。もはや肉体日蓮は竜の口にうせて、上行菩薩が法華経神力品《じんりきほん》の付嘱《ふぞく》をうけて、末法のこの世に出現されたのだという自覚に立っての法門である。

○

日蓮聖人の思想に「霊山往詣《りょうぜんおうけい》」の思想がはっきりでてくるのはこのころからである。田村芳朗氏はその著「日蓮」(NHKブックス)で、日蓮聖人は三十歳代は「ある浄土」つまり寿量品の「我が此の土は安穏にして」と言われる此土浄土《しどじょうど》のお考えが強かったが、四十歳代には「なる(成る)浄土」、つまり時間的に未来に実現する、浄仏国土《じょうぶつこくど》のお考えを述べられ、五十歳代には「ゆく(往く)浄土」つまり今ここに云う霊山浄土《りょうぜんじょうど》の思想を述べられたと指摘されている(同書六一頁)。

霊山往詣《りょうぜんおうけい》の思想は文永八年(五十歳)の四条金吾殿御書「日蓮此業障《このごうしょう》を消し果てて未来は霊山浄土にまいるべし」(四九五頁)にはじまるが、昭和定本が文永八年の系年としているものの、遺文には日附のみ、しかも真蹟不詳で、一部に偽撰説まであり、これを除くと次は翌文永九年の富木殿《ときどの》御返事「万事、霊山浄土を期す」(原漢文、六二〇頁)となり真蹟が中山法華経寺に格護せられており問題はない。佐渡在島中、聖人五十一歳の時である。それにつぐのが、ここにあげた観心本尊抄副状《そえじょう》で、以下真蹟が曾つて身延にあったもの、現にあるもののみを拾うと、種々御振舞《しゅじゅおんふるまい》御書《ごしょ》「霊山浄土へまいりてあらん時は、まづ天照大神、正八幡こそ起請《きしょう》を用いぬ神にて候けれと、さしきりて教主釈尊に申上げ候はんずるぞ」（建治元年、五十四歳、九六六頁）。ついで国府尼《こうあま》御前御書《ごぜんごしょ》「又後生《ごしょう》には霊山浄土にまいりあいまいらせん」（同年、一〇六四頁）。さらに是日尼《ぜにちあま》御書《ごしょ》「霊山浄土にては必ず行きあいたてまつるべし」（弘安元年、五十七歳、一四九四頁）。上《うえ》野殿《のどの》後家尼《ごけあま》御前御書《ごぜんごしょ》「心は父君と一所に霊山浄土にまいりて」（弘安三年、五十九歳、一七九四頁）。上野殿母《うえのどのはは》御前御返事《ごぜんごへんじ》「一切の諸仏霊山浄土に集らせ給いて」（同年、一八一四頁）。最後に光日上人《こうにちしょうにん》御返事《ごへんじ》「子と倶《とも》に霊山浄土へ参り合せ給わん事疑いなかるべし」（弘安四年、六十歳、一八七九頁）。

右のほか真蹟の現存しないものを合せると二十数篇に及んでいる。

霊山浄土というが、千日尼《せんにちあま》御返事《ごへんじ》（真蹟、佐渡妙宣寺、一七六一頁）に、「故阿仏房《こあぶつぼう》の聖霊《しょうりょう》は今いづくにかおわすらんと人は疑うとも、法華経の鏡をもって其の影をうかべて候えば、霊《りょう》鷲山《じゅせん》の山中に多宝仏《たほうぶつ》の宝塔に東むきにおわすと日蓮は見まいらせ候」とあるように、釈尊が法華経を説かれた霊鷲山《りょうじゅせん》を意味している。此土浄土《しどじょうど》の考えも、常在霊鷲山《じょうざいりょうじゅせん》のお考えであり、死後往詣《おうけい》する浄土もまた釈尊説法のところである。いわば、時間と空間をこえて生存中も死後も連なっているのである。もはやそこに死を契機《けいき》として全く他界《たかい》へ赴く恐怖はぬぐいさられていると考えるべきであろう。

多くの檀徒たちに慰《なぐさ》めさとされるお言葉のなかに屢々《しばしば》霊山《りょうぜん》往詣《おうけい》のことが説かれているが、それは生前の正しい信仰によって撰びとられるものであることに留意すべきであろう。

㉘ いかにも今度《こんど》信心《しんじん》をいたして法華経《ほけきょう》の行者《ぎょうじゃ》にてとおり、日蓮《にちれん》が一門《いちもん》となりとおし給《たも》うべし。

（諸法実相鈔《しょほうじっそうしょう》、七二六頁）

文永十年五月十七日、聖人五十二歳。佐渡、一《いち》の谷《さわ》にて撰述された諸法実相鈔の一節である。諸法実相鈔はその末尾に「最蓮房御返事《さいれんぼうごへんじ》」とあるように、最蓮房日浄に与えられた御書である。

最蓮房については、すで第十二話においてもふれたように日蓮聖人に先立って佐渡に流され、「最蓮房御返事」に「貴辺《きへん》に去る二月のころより大事の法門を教え奉りぬ。結句《けっく》は卯月《うづき》八日夜半寅《とら》の時に妙法の本円戒をもって受職灌頂《じゅしきかんじょう》せしめ奉《たてまつ》る者なり」（六二四頁）とあるように、日蓮聖人から本門の大戒を授けられている。

諸法実相鈔は、法華経方便品の諸法実相《しょほうじっそう》について、事《じ》の一念三千《いちねんさんぜん》の立場から論及されている。そして「地涌《じゆ》の菩薩のさきがけ日蓮一人なり」（七二五頁）と上行《じょうぎょう》菩薩再誕《さいたん》の自覚を明らかにかかげ、最蓮房に強盛《ごうじょう》の信心を勧《すす》められるのである。

「どうしても、ぜひこのたびは、強盛《ごうじょう》の信心を起して日蓮の一門となり、法華経の行者として一生押し通されよ。日蓮と同心であるならば、この日蓮が地涌《じゆ》の菩薩《ぼさつ》のさきがけであるように、また地涌の菩薩である。地涌の菩薩と定まったならば、法華経涌出品《ゆじゅっぽん》に明示されているように、釈尊の久遠《くおん》の弟子であること疑いない。涌出品《ゆじゅっぽん》に『我れ久遠《くおん》よりこのかた是等《これら》の衆《しゅう》を教化《きょうけ》す』と示されている如くである。末法の世に妙法蓮華経の五字を弘めるものは男女をえらばず皆地涌《じゆ》の菩薩でなくては唱えがたき題目である。日蓮ひとり、はじめて南無妙法蓮華経と唱え、やがて二人、三人、百人と次第に数を増して題目を唱え伝えてきた。未来もまた同じである。これこそまさに地涌の義でなくて何であろうぞ」と。

○

度かさなる受難を通じ、また法華経の予言を身に読んでこられた日蓮聖人にとって、自《みずか》ら地《じ》涌《ゆ》の菩薩であることの確信はもはや揺《ゆる》がしがたいものであった。それは単に経文の字句ではない。日蓮聖人が生《しょう》身《しん》の身《み》にじかに法華経を色《しき》読《どく》された結果の確信にほかならないのである。

その日蓮と同意ならばまさに地《じ》涌《ゆ》の菩薩にほかならない！とよびかけられている。かつて天台僧であった最蓮房にとって、お前も地《じ》涌《ゆ》の菩薩である、とのよびかけは、おそらく最蓮房の心をゆるがすものであったろう。その感動を通じて法華経の行者として唱題に生きよ、と強くさとされたものである。

㉙ 日蓮《にちれん》はなかねどもなみだひまなし。このなみだ世間《せけん》の事《こと》にはあらず。ただひとえに法華経《ほけきょう》の故《ゆえ》なり。

（諸法実相鈔《しょほうじっそうしょう》、七二八頁）

さきにも言うように、諸法実相鈔は文永十年五月十七日、佐渡一《いち》の谷《さわ》における撰述である。度かさなる大難小難に法華経を色読《しきどく》せられた日蓮聖人が、生還《せいかん》を期し得ない佐渡に流され、弟子信者のために心血を注《そそ》がれた開目抄、観心本尊抄を撰述されたあとの御心境のなかで述べられた言葉であることを充分味わうべきであろう。

日蓮聖人の生涯は、いろいろに評し得ようが、その忍難弘法《にんなんぐほう》の生活の根抵はまさに「慈悲」に尽きると言えよう。しかしその慈悲のあらわれは硬軟《こうなん》両面にある。立正安国論に始まる謗法退治《ほうぼうたいじ》、折伏逆化《しゃくぶくぎゃっけ》の激しい法戦は、衆生をして堕地獄《だじごく》の因を滅ぼし、現世安穏《げんぜあんのん》、後生善処《ごしょうぜんしょ》たらしめんとする慈悲行であった。

一方では信者たち、わけて女性たちへのお手紙のなかに、しみじみと流れる優にやさしいお心づかいのなかに、我々はあふれる慈悲を読みとるのである。

「それにつけても、故五郎殿のことが思い出されてならぬ。散った花もまた咲き、枯れた草もまた芽吹く。故五郎殿もどうしてこの世へ帰られぬことがあろう。」（上野殿尼御前御返事、一八五八頁、紀野一義訳）

「他人の眼からもよき若者かな若者かな、玉のような男かな男かな、といわれていた五郎殿である。まして親の身ではどんなにうれしく思っていられることかと見ていたのに、満月が雲間から顔を出すことなく山の端《は》に入り、今をさかりの花があえなく風に散ったようであると、あさましく思ったことである。日蓮は病気のゆえに、人々のお文の御返事も書かないでいたのであるが、このことばかりはあまりふかい嘆きであったので、筆を執《と》ったのである。この日蓮もまた、久しくはこの世におらぬであろう。さすれば、きっと、五郎殿に行き逢《あ》うであろうと思われる。もし、母より先に逢《あ》うたならば、母の嘆き申し伝えるであろう。」（上野殿母尼御前御返事、一八九七頁、紀野一義訳）

いずれも十六歳の若さで急逝した五郎の死をいたんで南条時光の母に宛《あ》てられた御書である（いずれも真蹟現存）。忍難弘法《にんなんぐほう》、折伏逆化《しゃくぶくぎゃっけ》のお姿とことかわったように優しい思いやりのお言葉のかずかずであるが、決してこの硬軟《こうなん》両面、ことかわってはいないのである。ともに日蓮聖人の「慈悲」のあらわれである。日蓮はなかねどもなみだひまなし——この慈悲行の精神が、あの死身弘法《ししんぐほう》の勇猛心《ゆうもうしん》となってほとばしったのである。そして、それもこれも、みな法華経の精神を体された日蓮聖人のお姿であった。

## ㉚ 行学《ぎょうがく》の二道《にどう》をはげみ候《そうろう》べし。行学《ぎょうがく》たえなば仏法《ぶっぽう》はあるべからず。

（諸法実相鈔《しょほうじっそうしょう》、七二九頁）

日蓮聖人は諸法実相鈔の末尾に、「此文には日蓮が大事の法門どもかきて候ぞ」（七二八頁）と熟読翫味《じゅくどくがんみ》すべき旨を仰せられている。

古来日蓮聖人の文として広く人口に膾炙《かいしゃ》する聖語である。

私の所属する本山要法寺（京都、東山三条）では、毎年夏に若い人たちが集まる夏安居《げあんご》が行なわれる。わずかな末寺ながら毎年二十乃至三十名の若い人たちが集まって三日間起居をともにして行なわれている。これまた恒例のように講師として私は招かれるのであるが、真剣な態度にいつも心打たれている。その集いでは、ここにあげた一文を中心として、

「一閻浮提《いちえんぶだい》第一の御本尊を信じさせ給え、あいかまえて、あいかまえて、信心つよく候て、三仏の守護をこうむらせ給うべし。行学の二道をはげみ候べし。行学たえなば仏法はあるべからず。我もいたし、人をも教化候《きょうけ》へ、行学は信心よりおこるべく候。力あらば一文一句なりともかたら

せ給うべし」

と、朝夕一同に唱えている。

考えてみれば「行」も「学」も、あまりにも未熟な私であるように思える。それは又その根本であると示されている信心の弱さによるのであろうか。

行というと、最近よく話題になる比叡山の十二年籠山《ろうざん》、千日廻峰《かいほう》などが思い浮ぶが、日蓮聖人がここでお示しになったのは、そうした難行苦行ではない。信行である。もっと端的に言えば唱題行である。そしてその唱題行の根底にあるものは生活の純化である。

唱題行ということについては、日蓮聖人が土牢御書の中で日朗上人に宛てて書かれた「法華経を余人《よひと》のよみ候は、口ばかりことばばかりはよめども心はよまず。心はよめども身によまず。色《しき》心《しん》二法共にあそばされたるこそ貴《とうと》く候へ」（五〇九頁）とあるように、生活の全体を傾けての唱題でなければならない。

生活の全体を傾けての唱題――とは、法華経と、その法華経を末法の世に示された日蓮聖人の御書を通じ、さらにはそれをいかに現代に生かすかという問題を含んだ唱題行でなければならない。そこに「学」とよばれるものの必要が生れてくるのである。単に平面的な「修行」と「学問」

ではないのである。

「日蓮聖人の御書を通じて」と言った。私は今日蓮聖人の御書に真正面からぶつかりながら、いろいろ多くの疑問をいだいている。汗牛充棟《かんぎゅうじゅうとう》といってもよい程、日蓮聖人の御書についての書物があるのに、根本的な文献学的研究がさほど進んでいない怨《うら》みがある。また日蓮聖人の御書についても、それを書かれた環境、またその時の日蓮聖人の御心境をよそに勝手な解釈が余りにも多いということである。言うならば日蓮学というものが、古来のままの姿でしかないのではなかろうかと嘆くもののひとりである。

仏教学を専攻した一人であり、六十歳をこえて、今しみじみとそう思うのである。遅きに失したきらいがないでもない。

㉛ 設《たと》い日蓮《にちれん》の死生不定《ししょうふじょう》たりと雖《いえど》も、妙法蓮華経《みょうほうれんげきょう》の五字《ごじ》の流布《るふ》は疑《うたが》い無《な》き者《もの》か。

（原漢文、富木殿御返事《ときどのごへんじ》、七四三頁）

日蓮聖人が佐渡塚原から一《いち》の谷《さわ》に移られて間もない文永九年四月十三日の最蓮房《さいれんぼう》御返事には「もしあなたの罪が許されて都へお帰りになるようなことがあれば、日蓮もまた鎌倉殿が許さずといわれようとも諸天等に申して鎌倉へ帰り、京都へおたよりいたしましょう。また日蓮がさきに許されるようなことがあれば、あなたを天に申しつけて都へお帰し申しましょう」（取意、六二五頁）とある。

また身延入山三年目の建治二年三月の光日房《こうにちぼう》御書には「文永八年九月のころから御勘気《ごかんき》をこうむって佐渡の島に流された。鎌倉に居た時は、生国である故に安房の国がなんとなく恋しかったが、生れた国でありながらどうしたことか親しみにくく、平素はあまり往《ゆ》き来することもなく過した。御勘気《ごかんき》の身となった今、鎌倉には帰れない。帰ることが出来なければ、父母の墓に詣でることも出来ないと思うと、矢《や》も盾《たて》もたまらぬ思いで、どうしてこんなことになるまでに、毎日でも、毎月でも海を渡り、山を越えて父母の墓にまいり、道善御坊《どうぜんごぼう》の安否をたずねなかったかと悔《くや》まれることである。考えてみれば、日蓮にさしたる失《とが》もない。ただ念仏、禅、律、真言の謗法《ほうぼう》を心の底から叫びつづけた。結果上下万民の怨《うら》みを買った。とすれば、大海の底の大岩が浮ぶことがあっても、天から降る雨が地に落ちぬことがあっても日蓮は鎌倉へは帰れぬ。

とは言え、法華経の金言、釈尊のみ言葉がウソでないとすれば、日月等法華守護の諸天が日蓮を捨てられる筈はない。もし法華経守護の諸天が、霊山会上《りようぜんえじよう》で誓われた誓いを反古《ほご》にせられるようなことになれば無間地獄《むげんじごく》疑いなし。もしそれが恐しいと思われるなら、急ぎ急ぎ国にしるしを出して日蓮を返したまえと大音声を放って叫んだところ、去る文永十一年九月十二日に御赦免《ごしやめん》があった」（取意、一一五二頁―四頁）とある。

佐渡流罪については佐渡御勘気鈔《ごかんきしよう》にも「死して候はば、各各をたすけたてまつるべし」（五一〇頁）というお言葉や、佐渡一《いち》の谷《さわ》でしたためられた如説修行鈔《によせつしゆぎようしよう》に「たとえ頸《くび》をば鋸《のこぎり》にて引き切り、胴《どう》をばヒシホコをもってつつき、足にはホダシを打って、錐《きり》をもってもむとも、命のかよわんほどは南無妙法蓮華経、南無妙法蓮華経と唱えて、唱え死《じに》に死す」（七三七頁）というお言葉がある。

佐渡在島中の日蓮聖人の御心境は、まさに「日蓮死生不定《ししようふじよう》なり」との思いがいかに深かったかを思うのである。

しかしすでに「開目抄」「観心本尊抄」を撰述せられ、大曼荼羅《だいまんだら》をも図顕されて、日蓮聖人の御心のほどはすでに吐露《とろ》され、富木殿《ときどの》はじめおもな檀越《だんおつ》にお示しになってある。かりに日蓮聖人が、事実佐渡流罪のまま生涯を終えられたと仮定しても、南無妙法蓮華経の題目は津々浦々へ、末法万年のほか未来までも流布されたことは疑う余地のないことである。

㉜　過去《かこ》の謗法《ほうぼう》の我《わ》が身《み》にあること疑《うたが》いなし。此罪《このつみ》を今生《こんじょう》に消《け》さずば、未来《みらい》にいかでか地獄《じごく》の苦《く》をば免《まぬが》るべき。

（呵責謗法滅罪鈔《かしやくほうぼうめつざいしょう》、七八〇頁）

文永十年、佐渡一《いち》の谷《さわ》より四条金吾に与えられた御書である。冒頭に「御文くわしく承り候」とあるように、佐渡流謫《るてき》をお慰め申しあげたおたよりの返事であるが、呵責謗法滅罪《かしやくほうぼうめつざい》という御書の名にも明らかなように、謗法《ほうぼう》を呵責《かしやく》するため諸難に遇《あ》うが、これによって無始以来の謗罪《ほうざい》を滅することが出来ると値難法悦《ちなんほうえつ》を述べられたものである。

鎌倉時代の仏教者で浄土真宗を創始された親鸞上人は「地獄は一定《いちじょう》すみかぞかし」と、徹底した罪悪観を述べられている。これに対して日蓮聖人の罪悪観が徹底していないかの批判があり、いわゆるインテリといわれる人たちの親鸞びいきの一因になっているかのごとくである。

また一面日蓮聖人の伝記と称されるものをひもといても、こうした面にふれているものは稀《ま》れである。しかし日蓮聖人の御書のあちこちに散見せられ、日蓮聖人自身徹底した罪悪観をもっておられる。しかしその罪悪という時二つある。一つは普通一般的な意味の罪悪と、もう一つは今ここに述べられている謗罪《ほうざい》、つまり謗法《ほうぼう》の罪ということである。

一般的な罪ということを言えば、

「日蓮今生《こんじょう》には貧窮《びんぐ》下賤《げせん》の者と生れ、旃陀羅《せんだら》が家より出たり。心こそすこし法華経を信じたる様なれども、身は人身に似《に》て畜身《ちくしん》なり」（佐渡御書、六一四頁）

「然るに日蓮はいずれの宗の元祖にもあらず、又末葉にもあらず。持戒にもかけて無戒の僧、有智無智にもはずれたる牛羊《ごよう》の如くなる者なり」（妙密上人御消息、一一六五頁）

これに対して謗法の先罪《せんざい》を持つということについては、

「偏《ひと》えに先業《せんごう》の重罪を今生に消して後生《ごしょう》の三悪を脱《まぬが》れんずるなるべし」（佐渡御書、六一四頁）

「日蓮も過去の種子《しゅうじ》、謗法の者なれば」（佐渡御書、六一五頁）

「重罪をけしてこそ仏にもなり候はんずれば」（土木殿御返事、五〇三頁）
「過去の重罪の今生の護法に招《まね》き出《いだ》せるなるべし」（開目抄、六〇三頁）
「謗法の罪に依って貧賤《ひんせん》の身とは生れて候へども」（法華証明鈔、一九一一頁）

以上のように、日蓮聖人は一般的な罪悪観、わけて無始以来の謗法の罪を負うていることをしばしば告白されている。その罪を今生に消すために、しばしばの大難も、むしろ悦ばしいことであると告白されている。これについては、法華経常不軽菩薩品《じょうふきょうぼさつぼん》第二十にある不軽《ふきょう》菩薩の故事によせて

「諸人聞きおわりて軽毀罵詈《きょうきめり》せしに不軽菩薩能くこれを忍受《にんじゅ》しき。その罪畢《お》えおわって命終《みょうじゅう》の時に臨みこの経を聞くことを得て六根清浄《ろっこんしょうじょう》なり」

とある「その罪」とは、先業の罪である。まさに不軽菩薩の故事によせて、自己の先業の罪を消すことになるとの確信に立っておられる。

## ㉝ 此袈裟《このけさ》をば汝《なんじ》が母《はは》に供養《くよう》すべし。

（富木殿御返事《ときどのごへんじ》、八六〇頁）

文永十二年二月七日、身延におられた日蓮聖人に富木氏が帷《かたびら》を寄進されたのにこたえられ、九十の母君のおつくりになった帷《かたびら》の功徳《くどく》を讃歎《さんたん》されている。そのはじめに仏在世の故事を物語られた一節である。

その昔、仏在世に一人の比丘《びく》があった。折柄飢饉《ききん》だったので、仏も食事に窮《きゅう》しておられようと、袈裟《けさ》を売ってそのお金を仏に供養《くよう》申上げたところ、仏はその布施《ふせ》の由来《ゆらい》を聞かれたので、ありのままをお答えした。ところが仏は、袈裟《けさ》は三世諸仏の解脱《げだつ》の法衣《ほうい》である。それを売ったお金をいただくわけにはいかぬと辞退された。そこで比丘《びく》は、ではこの価をどうしましょうとお尋ねしたところ、お前に母はおられるかとのこと。はい、おります。と答えたところ、仏は、「この袈裟《けさ》をば汝の母に供養すべし」とおっしゃった。これに対して比丘は「仏は三界中第一の尊い方である。また一切衆生の眼目である。たとえ十方世界を掩《おお》うような立派な袈裟《けさ》でも、またこの大地に敷《し》くような立派な袈裟《けさ》でも、十分によく報じ給う方である。それにひきかえ私の母など無智で牛や羊のようなものでございます。とても袈裟《けさ》を受けるような資格はございません」と申しあげると、仏はとって返してこうおっしゃった「お前を誰が生んだのか。その大恩を思えばこの袈《け》裟《さ》の恩をどうして報えないことがあろうや」と。

この故事をひかれたあと、齢九十のあなたのお母さんが乏しい視力で眼をしばたたいて一所懸命ぬわれた、その帷《かたびら》を自分が着るのは勿体《もったい》ないと思って私に下さったのであろうか。私とても勿体《もったい》なくてこの恩は報じがたい。とは云え折角の御志を辞退するのも本意でない。此の帷《かたびら》を着て日天の前に些細《しさい》申上げるであろう。そうすれば帝釈天《たいしやくてん》も梵天《ぼんてん》も知ろしめされることであろう、その功徳はまことに大きい。いついつまでも尽きぬであろう、と結んでおられる。

私はこの一文を読みながら、日蓮聖人の母への想いをしみじみと感ずるのである。また改めて触れることがあろうかと思うが、御書を通じて母への日蓮聖人の想いは尋常一様ではない。孝心まことに深い。それ故にこそ法華経を内典《ないでん》の孝経《こうきよう》(法蓮鈔、九三四頁)と仰せられているのである。

日蓮聖人はこの御書のなかで、袈裟《けさ》のことを三世諸仏解脱《げだつ》の法衣であると述べられている。三世の諸仏がおさとりをおひらきになった時の衣であるとの意である。袈裟《けさ》については大乗本生心地観経《だいじようほんしようしんじかんぎよう》の第五に十の功徳《くどく》が述べられてある。

袈裟《けさ》を身にまとうと恥《はじ》を知り善業《ぜんごう》を修すことができる。袈裟《けさ》を身につけていると寒さ暑さや、虫の害を防いで安穏に修行できる。袈裟《けさ》を着けている沙門出家《しやもんしゆつけ》を見る人は邪心を捨てる。袈裟《けさ》を尊重または敬礼する人は梵天《ぼんてん》に生れることができる。袈裟《けさ》はあらゆる罪を滅ぼし福徳を生じる。正規の壊色《えじき》の袈裟《けさ》を着すると五欲、貪愛《とんない》を離れることができる。袈裟《けさ》は浄衣であるから永く煩悩《ぼんのう》を断ずることができる。身に袈裟《けさ》をつけるとあらゆる罪業《ざいごう》が消滅し、ますます善業《ぜんごう》を励む。袈裟《けさ》は菩提《ぼだい》（さとり）の道を増長《ぞうちよう》する。袈裟《けさ》は甲冑《かつちゆう》のように煩悩《ぼんのう》の毒矢も害することが出来ない、とある。それを総合すると、袈裟《けさ》は三世諸仏解脱《げだつ》の法衣ということになろう。

㉞　業《ごう》に二あり。一には定業《じようごう》。二には不定業《ふじようごう》。定業《じようごう》すら懺《さん》悔《げ》すれば必《かな》らず消滅《しようめつ》す。いかに況《いわ》んや不定業《ふじようごう》をや。

（可延定業御書《かえんじようごうごしよ》、八六一頁）

可延定業御書は御真蹟が中山法華経寺に格護せられているが年次の記載はない。弘安二年説、建治元年説、（建治元年は四月改元、文永十二年である）とあるが、昭和定本は文永十二年二月七日とする。

この御書は富木尼《ときあま》の病気を慰問《いもん》せられたものである。富木尼は熱原弥四郎国重《あつはらやしろうくにしげ》のむすめ、南条伊予守定時に嫁して一子をもうく、六老僧の一人、伊予房日頂《いよぼうにっちょう》である。定時の歿後、上総中山法華経寺を開創した富木常忍《ときじょうにん》と再婚、この御書のなかにも「富木殿もこの尼御前を杖柱《つえはしら》ともたのみたるに」（八六三頁）とあるように内助の功が大であった。日頂上人は母と共に富木氏の養子となったが、日蓮聖人の没後、富木常忍に勘当《かんどう》され、富士の重須《おもす》、北山本門寺の日興上人《にっこうしょうにん》に身を寄せた。

この御書はまた「依法華経可延定業事《ほけきょうによってじょうごうをのぶべきこと》」とも呼ばれている。「法華経によって定業《じょうごう》である寿《じゅ》命《みょう》を延ばすべきこと」の意である。

定業《じょうごう》、不定業《ふじょうごう》とある。業《ごう》とは梵語のカルマンで、本来は行為を意味する。が、これが因果関係と結合して、一つの行為は必らず善悪、苦楽の果報《かほう》をもたらすものとして、やがて輪廻《りんね》（うまれかわり死にかわり前生の業をうける）の思想が生まれる。善悪の行為（業）は決してそのまま消えてなくなるのではなく、果報が得られるまでは三世《さんぜ》（過去、現在、未来）にわたって存続し、真理を悟って解脱《げだつ》にいたるまで、善悪の業による報いとして六道《ろくどう》（地獄《じごく》、餓鬼《がき》、畜生《ちくしょう》、修羅《しゅら》、人間《にんげん》、天《てん》）輪廻《りんね》して、その報いに従って苦を受け、楽を受けるとされる。

定業《じょうごう》とは過去世の業によってその善悪の果報の定まったものをいう。不定業《ふじょうごう》とはその果報の定まっていないものをいう。定業《じょうごう》とは、もはやうごかし得ない宿命のようなものである。そのうごかし得ないとされる定業《じょうごう》といえども、懺悔《さんげ》してその非《ひ》を悔《く》ゆれば必ず消滅する。

その懺悔《さんげ》してその非《ひ》を悔《く》ゆると言うけれども、ここに正法法華経の功徳を待たねばならない。法華経第七の巻、薬王菩薩本事品《やくおうぼさつほんじほん》に「この法華経は世界の人の病を癒《いや》す大良薬である」とある。

日蓮聖人はここでマダガ国の王であった阿闍世王《あじゃせおう》、天台大師の俗兄であった陳臣《ちんしん》、また不軽菩薩《ふきょうぼさつ》、さらには日蓮聖人の悲母の命を四箇年延ばした例をあげられ、法華経の正しい信心によって「さらに寿命を増す」ことが出来ることを教えられている。なおこの法華経の正しい信仰をすすめられると共に、晩年の日蓮聖人がしばしばお世話になられた檀越の四条金吾頼基の医術をたのめともすすめられている。

## ㉟ 命《いのち》と申《もう》すものは一身第一《いっしんだいいち》の珍宝《ちんぽう》なり。

（可延定業御書《かえんじょうごうごしょ》、八六二頁）

私は日蓮聖人という方は、単に義理一点張りの、いわばわからずやではなく、相手の心によせて情のこもった方だとつくづく思う。

このことは、ただここにあげた富木尼《ときあま》に対する御消息《ごしょうそく》ばかりではない。御消息を通じてそれは一人ひとりの人へのまごころをかたむけたおたよりだと思うのである。

病中の富木尼に対して、命こそ大切と、力をこめて仰せられている。「一日なりともこれをのぶるならば千万両の金《こがね》にすぎたり」と切実な想いをこめて述べておられる。

今日、私は親しい親戚の女性が、五十八歳で肝臓がん破裂という死亡診断書でなくなったお悔みにお伺いした。主人はかかりつけのお医者さんが、レントゲン撮影をしくじって二度もバリュウムをのまし、下剤をかけ、それがきっかけで急に症状が悪化したと口惜《くや》しそうに語っておられた。人には寿命がある。心をつくし、手をつくして亡くなったら、又もって冥すべしだが、このごろはお医者さんの誤診やミスがしばしば聞かれる。前にも引用した、元一橋大学長上原専禄氏は、奥さんの死は医者のミスであったと嘆かれ、公害問題等をふくめて、お釈迦さまは「生、老、病、死」とおっしゃったが、現代では「生、老、病、殺」であると激しく訴えておられる。まことに一日の生の尊さ、いのちの重みを痛感させられる。

日蓮聖人は、くりかえし命の尊さを述べられ、法華経の信仰を強盛《ごうじょう》に、そして四条金吾殿の医術にたのめと教えられているのだが、その中でまことにデリケートな注意をされている——

「四条金吾殿に私から頼んでもよいが、他人の伝言でよいこともあるが、またそれでは本人の誠意がたらぬと思うものである。人の心は測《はか》りがたいもの、またそうした例もあったことゆえ、四条金吾殿は仲介者から申し出たのでは快諾《かいだく》しない人である。なまじ私から頼むのもよくあるまいから、仲介者なしで、自身まごころこめて頼まれたがよい」と。

また「であるから早く誠意の財をつんで四条金吾殿に治療を乞われるがよい。」「くりかえして申しておきますが費用（財）を惜しんではこの病気は治らない」と。

〇

「一日なりともこれをのぶるならば千万両の金にもすぎたり」「一日の命は三千界の財にもす

ぎて候」とくりかえし強調されている。この「いのち」が、今の世でいかに粗末に扱われているか、日々の新聞をひもとけば明らかである。

私は「いのち」ということについて、三つのことを指摘したい。「いかに人のいのちが簡単に殺されているか」想いなかばにすぐるものがある。最近の一例をあげると、名古屋の女子大生誘拐事件である。次には若い将来ある子供を道連れの心中である。親の気持がわからぬでもない。でも、親があらゆる苦しみに耐えて思いなおせば、夢多い子供の将来を抹殺《まっさつ》するようなそら恐ろしいことはしなくていいのである。三番目には「自分のいのちを大切にせよ」ということである。自殺という行為ばかりではない。生きていながら廃人同様の麻薬中毒者もまたそうであり、もっと広くは、日々の行動が己《おの》れのいのちをほんとうに生かしているか、ということである。さらにつけ加えると交通事故死である。全国に一瞬にして父なし子、母なし子となっている交通遺児を思うとき、声を大にして「いのち」の尊さを叫びたい。

## ㊱ 今《いま》、このあまのりを見候《みそうろう》て、よしなき心《こころ》おもいでて、うくつらし。

（新尼御前御返事、八六七頁）

私は数多い日蓮聖人の御書を拝しながらいつも思うことであるが、檀越、信者のみなさんからの御供養品《ごくようひん》にいちいち鄭寧《ていねい》なお礼状をしたためておられることである。またそのお礼によせて法門を物語られるのが日蓮聖人の常であった。

いただいた品々をいちいち列記しておられる。中村錬敬氏の『日蓮聖人と諸人御供養』という書物には、身延在山八年四か月に送られた御供養の品々が列挙されているが、そこに日蓮聖人の身延の生活の一端が知られる。

物のゆたかな今の世、一つ一つのものに対する感謝、送り主の心のほどに対する感謝ということがとかく忘れられがちである。私は筆不精ではすまないと思う。感謝の気持があれば、電話のひとつ、ハガキの一枚は事やさしいことと思う。

日蓮聖人は今も言うように、品物に対するお礼によせて法門を語られる。情報の乏しい中世に於いて、このコミュニケーションもまた日蓮聖人のお人柄を知る一つの特色ではなかろうか。

この御書の宛名は、日蓮聖人の生地、安房国東条郷の領家《りょうけ》の新尼《にいあま》である。領家というのは荘園《しょうえん》領主《りょうしゅ》のことである。当時日本の土地は大きくわけて平安朝以来の公郷側の荘園と、新しく抬頭《たいとう》した武士階級である地頭の土地にわかれ、荘園には領家が、武士階級の土地には地頭《じとう》がおり、公武の対立が明確化した承久《じょうきゅう》の変《へん》後、公郷側の敗戦に終り、地頭の勢力が次第に大きくなりつつあった時代である。日蓮聖人もこの東条の領家《りょうけ》と地頭《じとう》の紛争に関して、領家の側につかれ、勝訴となったという事実もある。詳細なことは不明だが、この東条の領家に日蓮聖人の生家が恩をうけられたことは事実のようである。

ところが領家には大尼《おおあま》と新しい嫁の新尼《にいあま》と二人の女性がおられたが、大尼の方は日蓮聖人との御縁から法華経を信ずるようになったが、信・不信の間を浮動し、文永八年の竜口法難の際に法華経を捨ててしまった。この間の微妙ないきさつが、佐渡御勘気鈔《さどごかんきしょう》（五一一頁）に

「領家の尼御前《あまごぜん》へも御手紙さしあげようとは思いますが、御勘気《ごかんき》をうけた日蓮からの手紙であってみれば、なつかしくは思っては下さるまいと申したと、折があったらお伝え下さい」（取意）

とある。

ところがその嫁の新尼《にいあま》は終始変らず法華経の信仰を通された。そこで大尼《おおあま》、新尼《にいあま》から御本尊の授与を願われたのに対し、御本尊の意義を述べられ、大尼《おおあま》へは「日蓮が重恩の人」ではあるが決然とおことわりになっている。これに対し新尼《にいあま》へは「御信心は色あらわれて候。佐渡の国と申し、この国（身延）と申し、たびたびの御志ありて、たゆむ気色《けしき》はみえさせ給わねば御本尊は渡しまいらせて候なり」（八六九頁）と仰せられている。

さてここに掲げた一節は、大尼《おおあま》、新尼《にいあま》の両人から「あまのり（海草）」を送られたのによせて、故郷に思いを馳《は》せ、いただいたあまのりは自分が子供のころ馴《な》れ親しんだ片海《かたうみ》、市川《いちかわ》、小湊《こみなと》の磯《いそ》のことを思い起させてくれるが、どうして父母は変り果ててしまわれたのかと、とんでもないことが思い出されて、憂《う》くつらい、と仰せられている。生涯を通じて親おもいの日蓮聖人のお人柄がにじみ出て、拝読する我々の涙をさそう一節である。

## ㊲ この法華経《ほけきょう》は一切諸仏《いっさいしょぶつ》の眼目《がんもく》、教主釈尊《きょうしゅしゃくそん》の本師《ほんし》なり。

（兄弟鈔《きょうだいしょう》、九二〇頁）

これは文永十二年（聖人五十四歳、身延入山二年目）四月十六日武蔵国千束郷《むさしのくにせんぞくごう》を知行《ちぎょう》していた池上左衛門大夫康光《いけがみさえもんだゆうやすみつ》の子、宗仲《むねなか》・宗長《むねなが》二人の兄弟に送られた御書の一節である。

父康光は鎌倉幕府の作事奉行《さくじぶぎょう》であったという。殿舎の修造をはじめ土木に関する一切のことをつかさどる役職である。兄宗仲は正五位上太夫志《たゆうさかん》、弟宗長は従五位下兵衛志《ひょうえさかん》としてともに幕府に仕えていた。

康元元年（聖人三十五歳）のころ宗仲・宗長の兄弟は日蓮聖人に帰依したが、父康光は極楽寺《ごくらくじ》良観《りょうかん》（忍性《にんしょう》、律宗）の熱心な信者であったので、兄弟二人の信仰を改めさせようとしたが、兄宗仲は頑として応じず、ために父は宗仲を勘当《かんどう》してしまった。

こうした事情のなかで聖人が宗仲・宗長兄弟に送られた御書である。一言でもって言えば法華経の大義を諄々《じゅんじゅん》とお説きになったものである。

法華経は諸経中最勝で他の経々に比ぶれば星月に対する大日輪のようである。わけて経文には二十の大事があり、なかでも三千塵点劫《さんぜんじんでんごう》・五百塵点劫《ごひゃくじんでんごう》の法門がある。ところが舎利弗《しゃりほつ》、迦葉《かしょう》、阿難《あなん》などの声聞《しょうもん》は三千塵点劫の昔、のちの釈尊、当時の大通智勝仏《だいつうちしょうぶつ》の第十六王子に法華経を聞きながら、ついには捨ててしまって、三千塵点劫のあいだ地獄におちた。たとえ父母を億万人殺したとしても三千塵点劫地獄におちるということはない。ところがこの法華経は一切諸仏の眼目であり、教主釈尊の本師である。だからこの法華経のたとえ一字一点でも捨てる人は千万の父母を殺した罪にもすぎ三千塵点劫《じんでんごう》の間、地獄へおつるのである。(下略)

以上のように、法華経の大義を述べ、法華経を捨てることがいかに大きな罪かを懇切に教示されている。

そしてこの御書には、いくつか訓話としての物語が述べられている。兄弟にまつわる話が多いのはこの御書のもつ性格からうなずけよう。

まず伯夷《はくい》・叔斉《しゅくせい》の話である。孤竹《こちく》という国の王に二人の太子があった。父王は弟の叔斉《しゅくせい》に位をゆずった。だが父が死んでも叔斉《しゅくせい》は兄にゆずって位につこうとしなかった。兄は兄で、父の遺言ではないかと迫る。弟は遺言は遺言でも兄をさしおいて位にはつけない、という。ついに二人は父母の国を去った。周の文王に仕えているうち、文王は殷《いん》の紂王《ちゅうおう》に討たれたので、その子武王は百日のうちに軍を起した。伯夷《はくい》・叔斉《しゅくせい》は武王をいさめて、親死して三年のうちに軍《いくさ》を起すのは不幸ではないか、と。武王は怒って二人を討とうとしたが、太公望がこれを制して討たせなかった。二人は武王のもとを去って首陽山《しゅようざん》に隠れ、ワラビ（蕨）をとっていのちをつないでいた。ところが麻子という者が通りかかって、このワラビも武王（中国の王）のものではないのか、といった。以来ワラビもたべなくなった。ところが天は賢人を捨てぬならい、白鹿になってあらわれ、その乳で二人をやしなった。ところが弟の叔斉が、鹿の乳を飲んでもうまいんだから、肉はなおさらうまかろう、と言った。兄の伯夷がこれを制したけれども、これを聞いた天は再び白鹿になってあらわれず、ついに二人は餓死してしまった、という話である。

前半は史記列伝《しきれつでん》に、後半は千字文古註《せんじもんこちゅう》にある。この話を述べたあと日蓮聖人は、一生の間賢人であった人もたった一言がわざわいして身を亡ぼすに至った、あなたがたも心すべきことであると。

次に応神天皇《おうじんてんのう》の王子に兄オオササギノミコトと、弟ウヂノワキイラツコとあった。応神天皇は弟に皇位をゆずってなくなったが、弟は兄にゆずって位につこうとしない。兄は一日も皇位をむなしくする（空位）ことはならない　と弟に皇位につくようにすすめたが、結局三年、ついに弟は私が生きているからこんなことになるのだと自殺されたという。結果兄オオサザキノミコトが位について仁徳天皇となられたが、国はよくおさまり、朝鮮からも多くの貢《みつ》ぎものが献上された。日本書紀第十一巻にある話である。

宗仲《むねなか》の勘当《かんどう》は一たん許されるが、建治三年冬（聖人五十六歳、身延）、ふたたび宗仲は勘当される。父康光に直諫《ちょうかん》してはばからぬ宗仲に対して、弟宗長の信仰は動揺しがちで、父も兄よりも弟を愛し、一時弟に家督を譲らるるかの情勢さえあった。

こうした事情を配慮された日蓮聖人が、兄弟ともども信仰に励むようすすめられるかたわら兄弟の道を、伯夷《はくい》・叔斉や応神天皇の二王子によせて述べられたものである。

### ㊳ 心《こころ》の師《し》とはなるとも、心《こころ》を師《し》とせざれ。

（兄弟鈔《きょうだいしょう》、九三三頁）

御書にはこの文は六波羅蜜経《ろくはらみつきょう》の文なり、とあるが学者の考証《こうしょう》によると北本涅槃経《ねはんぎょう》二十八にあるという。国訳一切経、涅槃部二、一五九頁に「願わくば心の師と作りて心を師とせじ」（常盤大定訳）とある。

前節にも述べてきたように、兄弟の信仰を策励《さくれい》されているのであるが、尋常一様の決意では事は成じない、とくりかえしくりかえし決意のほどを確かめておられる。

法華経を信仰すれば受難のあることは、もはや日蓮聖人の生涯を見ても明らかである。そして受難によって未来の大苦を小苦にかえて迎えるのである。にもかかわらず、現世の小苦を忍びがたく慈父の責《せ》めに値《お》うて法華経を捨てるようなことがあってはならぬ。自身が地獄におちるばかりか、悲母、慈父も大阿鼻地獄《あびじごく》におちることになる。その時になって悲しむようなことのないように、と。或いは十羅刹女《じゅうらせつにょ》が父母の身に入って信心のほどを確かめておられるのではなかろうか、と。さらにはきびしく「強盛《ごうじょう》に切歯《はがみ》をして弛《ゆる》む心なかれ」強盛に歯をくいしばって頑張れ！と励まされているのである。

とかく揺ぎがちな心をしっかり持て！という意味で「心の師とはなるとも心を師とせざれ」と教えられているのである。

○

この言葉を聞いて私がすぐ思い出す歌がある。越後の良寛《りょうかん》さまのうたに——

「心こそ心まよわす心なれ、心の駒《こま》に手綱《たづな》ゆるすな」

というのである。昔から意馬心猿《いばしんえん》という。人間の心は馬のように、また猿のようにめまぐるしく馳《か》けまわる。自分の心を馬（駒《こま》）にたとえて、しっかり手綱《たづな》をにぎっていろと教えられた歌である。よく読んでみればわかるように、心という字が四つある。が上から第一と第三、第四の心は、いわば欲情のままに流れる心であり、第二は本心をさしていると言えよう。

自分で自分の心がどうにもならない人が何と多いことだろう。日々の三面記事はそのことをいやというほど見せつけてくれる。いずれはわかって、生涯台なしになってしまうようなことを、衝動《しょうどう》にかられてやるのである。ブレーキのきかない車は欠陥車《けっかんしゃ》だが、自制心《じせいしん》の働かぬ人間は、いわば欠陥人間《けっかんにんげん》である。その原因は幼時の意志の訓練にある。今の世のゆたかさに馴《な》れて、何でも易々《いい》と我が意にそってくれる家庭、社会が、欠陥人間をうむのだと私は思っている。

㊴　各各《おのおの》我《わ》が弟子《でし》とならん人々《ひとびと》は一人《いちにん》も臆《おく》しおもわるべからず。

（種種御振舞御書《しゅじゅおんふるまいごしょ》、九六一頁）

種種御振舞御書は古来旧種種御振舞御書のほか、佐渡御勘気鈔《さどごかんきしょう》、阿弥陀堂法印祈雨《あみだどうほういんきう》のこと、光日鈔《こうにちしょう》の四部からなっていたものを編集されて現形のようになった。真蹟は曽つて身延にあった。末尾に「御音信《おんおとずれ》ありがたく候」とあるようにお手紙の御返事である。光日房《こうにちぼう》に与えられたものとされている。光日房は房州天津の人、日蓮聖人の旧知であったことが知られている。

さてこの種々御振舞御書《しゅじゅおんふるまいごしょ》だが、文永五年（聖人四十七歳）閏《うるう》正月十八日の蒙古の使者の到来に筆を起し、同年末の十一通御書、そして竜口法難、星下《ほしくだ》りの奇瑞《きずい》（以上旧種種御振舞御書）、佐渡流罪、塚原問答、開目抄撰述、赦免《しゃめん》、鎌倉帰還、第三諫暁《かんぎょう》（以上佐渡御勘気鈔）、阿弥陀法印の祈雨《きう》、身延入山、蒙古来襲、謗法者頭破七分《ほうぼうしゃずはひちぶん》（以上阿弥陀堂法印祈雨事）、行者と魔障、身延の情景（以上光日鈔）と、日蓮聖人の自叙伝的要素多く、その中で折々の御心境がつぶさに述べられている。竜口法難の情景や佐渡の実情など、文学的にもすぐれた文章である。日蓮聖人の内に秘められた堅い信念がいたるところほとばしり出ていて、一般にも親しまれている御書の一つである。

日蓮聖人は他国侵逼《たこくしんぴつ》（外国から攻めてくる）、自界叛逆《じかいほんぎゃく》（国内での内輪争い）等の予言とその的中について、開目抄のなかで「日蓮は果して法華経の行者か」と自ら問うておられる切迫した緊張感とはことかわり、ある余裕をもって堂々と述べられている。

諸経中王の法華経に身命を捧げること、これぞ我が生甲斐《いきがい》であるとはっきりと宣言せられている。なればこそ、法華経にいのちを捨てるのは、あたかも石と黄金と、糞と米をかえるに似たものであると述べられ、諸仏の眼目である法華経が末法の始めの五百年に一閻浮提《いちえんぶだい》に弘まる吉兆《きっちょう》に、日蓮さきがけをした。一門のものども、二陣、三陣つづけ、「わずかの小島の主《ぬし》（鎌倉幕府の執権）」らがおどしたからとてどうして引きさがられ得ようか、我らは仏の使なりと名のりながらおじけづいて何となろう。この日蓮の弟子ともあろうもの、ただ一人も臆病《おくびょう》であってはならぬ、と叱咤激励《しったげきれい》されている。

## ㊵ 日本国《にほんこく》の一切衆生《いっさいしゅじょう》の法華経《ほけきょう》を謗《ぼう》じて無間大城《むけんだいじょう》におつべきをたすけんがために申《もう》す法門《ほうもん》なり。

（種々御振舞御書《しゅじゅおんふるまいごしょ》、九六五頁）

法華経方便品に「我れ本誓願《もとせいがん》を立てて、一切の衆をして、我が如く等しくして、異《こと》なることなからしめんと欲しき。我が昔の所願の如き、今すでに満足しぬ、一切衆生を化して仏道に入らしむ」とある。同じく方便品に「諸仏の本誓願《ほんせいがん》は、我が所行の仏道を普く衆生をして亦同じく此の道を得せしめんと欲す」とある。さらには法華経薬草喩品《やくそうゆほん》に「未だ度せざる者は度《ど》せしめ、未だ解《げ》せざる者は解せしめ、未だ安《あん》ぜざる者は安ぜしめ、未だ涅槃《ねはん》せざる者は涅槃を得しむ」とある。以上法華経に見る仏の誓願行《せいがんぎょう》である。日蓮聖人はこれを受けて、末法のこの悪世に一切衆生救済の大誓願行を起されたのである。法華経の予言にあるように末法の悪世には謗法者《ほうぼうしゃ》が充満している。しかし謗法《ほうぼう》は堕地獄《だじごく》の因《いん》である。何としても堕地獄の因を防がねばならない。日蓮聖人の生涯は所詮この大誓願行にほかならない。なればこそ報恩抄に、

「日本国の一切衆生の盲目《もうもく》をひらける功徳《くどく》あり。無間地獄《むげんじごく》の道をふさぎぬ」（一二四八頁）と

喝破《かっぱ》されているのである。そして諸法実相鈔《しょほうじっそうしょう》に「現在の大難を思いつづくるにもなみだ、未来の成仏を思うて喜ぶにもなみだせきあえず、鳥と虫とは鳴けどもなみだおちず、日蓮はなかねどなみだひまなし。このなみだ世間の事にはあらず、ただひとえに法華経の故なり」（七二八頁）と仰せられているのである。

末法の今の世に法華経をいただく私たちは、この日蓮聖人の大慈大悲《だいじだいひ》をこそ胸にあつくいただかねばならない。

㊶　**上《うえ》は板間《いたま》あわず、四壁《しへき》はあばらに、雪《ゆき》ふりつもりて消《き》ゆる事《こと》なし。**

（種種御振舞御書《しゅじゅおんふるまいごしょ》、九七一頁）

日蓮聖人が相模国愛京郡依智郷《さがみのくにあいきょうぐんえちごう》、本間重連《ほんましげつら》の邸《やしき》を発たれたのは十月十日であった。いまの暦になおせば十一月二十日であったという。それから十二日、越後国寺泊《てらどまり》の津につかれた。道中については「道の間の事は、心も及ぶことなく、又筆にも及ばず、ただ暗《あん》に推《お》しはかるべし。又もとより存知《ぞんち》の上なれば始めて歎《なげ》くべきにあらず」（原漢文・寺泊御書、五一二頁）と述べられている。寺泊で風待ちをされて七日目、二十七日船出されたものの難風にて角田浜《かくだはま》に漂着、翌二十八日角田浜を出発して同日松ケ崎に到着されました。今本行寺があります。そして新穂《にいほ》の本間《はんま》六郎左衛門《ろくろうざえもんの》尉《じょう》重連《しげつら》の邸におもむかれます

種種御振舞御書の一節に、

「なにとなくとも此国に流されたる人の始終《しじゅう》いけ（活）らるる事なし。たとえいけ（活）らるるとも、かえる事なし」（九七三頁）とある。

南北朝時代日野資朝《ひのすけとも》が流されたのは正中二年（一三二五）八月であった。後醍醐《ごだいご》天皇の政権回復の企《くわだ》てに参じ、捕えられて佐渡へ流された。彼は在島中、父母の冥福を祈って法華経一部八巻六万九千三百余文字をこつこつと写経した（国の重文として現存）。しかし七年の監禁のあと、斬首《ざんしゅ》されて生涯を終っている。承久の変にまつわる順徳上皇の佐渡流罪はよく知られるところである。上皇は承久三年（一二二一）七月佐渡に流され、二十二年後の仁治三年（一二四二）九月、断食をして自殺されている。

この島に流されて生きているものはない。たとえ生きていても帰るものはない、といわれる佐渡である。

日蓮聖人の佐渡到着の第一印象はどうであったろうか。富木入道殿御返事に、

「このころは十一月の下旬なれば、相州《そうしゅう》鎌倉に候いし時の思いには、四節の転変は万国同じかるべしと存候しところに、この北国佐渡の国に下着《げちゃく》候《そうろう》て後、二月は寒風頻《しき》りに吹いて、霜雪《そうせつ》さらに降らざる時はあれども、日の光をば見ることなし。八寒《はっかん》を現身《うつしみ》に感《かん》ず」（五一六頁）とある。

「八寒を現身に感ず」とある。八寒地獄《はっかんじごく》をさながらこの世で体験するようだ、とある。折柄冬のことであってみれば、暖かい鎌倉に永住しておられた日蓮聖人にとって、いかばかり驚かれたであろうか。そして日蓮聖人の仮住居は、

「十一月一日に本門六郎左衛門の家のうしろにあたる塚原という山野の中の三昧堂《さんまいどう》に入った。ここは京都の蓮台野《れんだいの》のように死人を捨て埋める所で、堂といっても名ばかり一間四面のあばらやで、もちろん仏壇とてない。屋根は板間《いたま》あわず、ぐるりの壁はくずれおち、風は容赦《ようしゃ》なく吹きさらしで、雪がつもって消えることもない。こうしたところに、敷皮《しきかわ》をしき、蓑《みの》をきて寒さをしの

ぎ、夜をあかし、日を暮した。夜は雪、あられ、いなずまひまなく、昼も日の光もささず、まことに心細い住居である」（意訳、九七一頁）とある。

紀野一義氏はその『日蓮、配流の道』（淡交社、一〇八頁）で、最初の日蓮聖人の謫居《たっきょ》は根本寺ではなく、目黒町の松林であったと考証しておられるが、ともかくもみすぼらしいあばらや。

私の知人であるが、会社の都合で北陸の糸魚川に転勤して一冬こしてついにノイローゼになったという人がある。今を去る七百余年前、佐渡に流され、しかもこのあばらや、さらに冬のことである。よほどの意志の持主でないと、八寒地獄にもひとしい寒さのなかでおそらくはまいってしまうであろう。

私も佐渡の聖蹟を何回か参拝したが、もちろん気候のいいころである。佐渡の日蓮聖人の御苦労を偲《しの》ぶには、ともかくも冬でなければ、と心には思いつつも実現していない。

## ㊷ 釈迦如来《しゃかにょらい》の御《おん》ためには提婆達多《だいばだつた》こそ第一《だいいち》の善知識《ぜんちしき》なれ。
（種種御振舞御書《しゅじゅおんふるまいごしょ》、九七二頁）

まずは提婆達多《だいばだった》（デーヴァダッタ）について述べよう。提婆達多については多くの古い経典がこれについて触《ふ》れているが、南方仏教のパーリー仏典と、北方仏教のサンスクリット仏典でかなり違いがある。今、南伝の律の小品《しょうほん》によって見ると次のようである。

仏陀の晩年二十五年にわたって侍者《じしゃ》として仕えた阿難《あなん》の弟、つまり仏陀の従弟《いとこ》にあたる。

仏陀晩年のある日のこと、仏陀が説法を終られると提婆達多は「世尊よ、世尊はすでに高齢にましまし、老衰の御様子も痛々《いたいた》しく存ぜられます。いまは安穏に余生をたのしまれますように。比丘《びく》たちのことは私におまかせ下さい」と。仏陀は即座に拒否されたが、提婆達多は二度、三度くりかえし教団の統率をまかされよ、と迫《せま》った。そこで仏陀は「自分は舎利弗《しゃりほつ》や目連《もくれん》たちにも教団の統率をまかせてはいない。まして六年間も唾液《すいえき》を食った者（侮辱《おじょく》の言葉）にどうしてまかされよう」と。

そこで提婆達多はマガタ国の阿闍世《あじゃせ》王子を煽動《せんどう》し「王子よ、汝は父（頻婆沙羅王《びんばしゃらおう》）を殺して新王となれ、余は世尊を殺して仏教教団の新しい統率者になろう」と。父王を幽閉《ゆうへい》して王位をさん奪《だつ》した阿闍世王《あじゃせおう》は、提婆達多にそそのかされて仏陀に刺客《しきゃく》を送るが、すべて教化されてしまう。

そこで提婆達多自身仏陀を殺そうと、霊鷲山《りょうじゅせん》上から大石を落としたが、足に傷を負われただけで失敗に終る。さらに仏陀が王舎城《おうしやじよう》に入られたとき、兇暴《きようぼう》な大象をけしかけ、仏陀を襲わせるが、失敗に終る。

そこで方向を転換した提婆達多は、仏陀に五事の励行を要求する。五事とは、一生涯①森林に住み村落に入らぬ②乞食《こつじき》をうけ招待をうけぬ③ボロを身にまとい、俗人の衣服を用いぬ④樹下に起居、屋内に入らぬ⑤魚肉を食べぬ、ということである。

これに対して仏陀が拒否されると五事の励行を宣言して、新参の弟子たち五百人をひきいて象《ぞう》頭山《ずさん》に拠《よ》って教団の分裂をみちびいた。仏陀の命《めい》をうけた舎利弗《しやりほつ》と目連《もくれん》が、この新参の五百人を説いて仏陀のもとに連れ帰った、というのである。

古来提婆達多の五逆として㈠破和合僧《はわごうそう》（教団分裂にみちびいた）㈡出仏身血《しゆつぶつしんけつ》（霊鷲山《りようじゆせん》で仏足に傷つけた）㈢放狂象《ほうきようぞう》（王舎城《おうしやじよう》における象の襲撃）㈣殺蓮華色比丘尼《せつれんげしきびくに》（阿闍世《ちじやせ》王が再び仏陀に帰依した時、蓮華色比丘尼《れんげしきびくに》の中傷《ちゆうしよう》によると撲殺《ぼくさつ》した、北伝）㈤十爪毒手《じゆうそうどくしゆ》（十本のツメに毒をぬって仏陀に危害を加えようとして、却《かえ》って毒が全身にまわった、北伝）をあげ、また㈠出仏身血㈡破和合僧㈢殺蓮華色比丘尼を三無間業《むけんごう》（または三逆）とする。

日本の説話文学集である「今昔物語《こんじやくものがたり》」巻一の第十に「提婆提多《だいばだつた》、仏ト諍《あらそ》ヒ奉《たてまつ》ルコト」として十項目をあげている。

○

ところが法華経提婆達多品《だいばだったほん》第十二では、仏陀が昔国王であった時、無上のさとりを得ようと発心し、政《まつりごと》を太子にまかせ、諸方に師を求めた。そして一人の仙人のみちびきによって法華経を聞くことを得、ついに無上のさとりに達した。その国王とはほかならぬこの私であり、仙人とは提婆達多である。

「等正覚《とうしょうがく》（無上のさとり）を成じて広く衆生を度《ど》する（救う）こと、皆提婆達多が善知識《ぜんちしき》（善き師匠）に因《よ》るが故なり」とあり、提婆達多はのちに天王如来となろう、と授記《じゅき》（成仏の予言）されるのである。いわゆる悪人成仏の経典として広く知られるところである。

○

日蓮聖人は大難四箇度、小難数知れず、法華経の色読《しきどく》、勧持品《かんじほん》二十行の偈を身をもって体験したもの、この日蓮をおいてほかにない。天台大師、伝教大師も実践されなかったこの法華経の色読こそ無上の喜びであり、また成仏の果報また疑いない。

そう思うと、この私に得がたい法華色読の機会を与えてくれた北条執権時宗《ときむね》こそは私の善知識《ぜんちしき》であり、平左衛門尉頼綱《へいのさえもんのじょうよりつな》こそは、釈尊に対する提婆達多の如きものである、と述べられている。「今の世間を見るに人をよくなすものは、方人《かとうど》（味方）よりも強敵《ごうてき》が人をばよくなしけるなり」（九七二頁）というお言葉は、お互いの人生をふりかえってみてもまた味わうべき金言ではなかろうか。

## ㊸ 女《おんな》は水《みず》のごとし、うつわ物《もの》にしたがう。女人《にょにん》は矢《や》のごとし、弓《ゆみ》につがわさる。

（さじき女房御返事《にょうぼうごへんじ》、九九七頁）

日蓮聖人の御書を拝見すると、女性宛のものが大変多い。またそれだけに女性宛のこまやかな人情の機微《きび》を感じさせる。ここにあげた一文はさじき（桟敷）女房が帷《かたびら》を贈ったのに対するお礼状である。さじき女房は工藤祐経《くどうすけつね》のむすめ、印東次郎左衛門祐信《いんどうじろうざえもんすけのぶ》の妻、祐信は六老僧日昭《にっしょう》上人の弟にあたる。

その昔、頼朝が由比《ゆい》が浜《はま》の眺望を一眸《いちぼう》の中に収《おさ》めようとして、今の常楽寺裏の山上に桟敷《さじ》を設けて、展望をほしいままにしたことがある。その跡を桟敷《さじき》とよびならわし、ついに地名となったもので、桟敷女房とはその居住の地に由来している。

さて、日蓮聖人の女性に与えられた教訓としては今ここにあげたように「女人は水のように器《うつわ》に随うものであり、矢のように弓につがえられるものであり、船のように楫《かじ》のままに走るものである」とある。

千日尼《せんにちあま》御返事には「男は柱のごとし、女はなかわ（桁）のごとし」とある。男はがっちり縦《たて》の線をかため、女は横木《よこぎ》（なかわ─けたのこと）のように横の線をささえる」（一七六二頁）とある。

日蓮聖人は夫婦が協力しあって生きていくことを折にふれて教えられている。

上野殿御返事には「女人は男を財《ざい》とし、男は女人をいのちとす」（一六二一頁）とも教えられ、さらに四条金吾殿女房に与えられた同生同名《どうしょうどうみょう》御書には「女人は例えば藤のごとし、男は松のごとし。須臾《しゅゆ》も（すこしでも）はなれぬれば立ちあがる事なし」（六三三頁）と教えられている。

男女同権、ウーマンリブの世となっても、所詮男女のがっちりしたスクラムなしに夫婦生活は営めるものではない。華やいだ新婚生活はいざ知らず、十年、二十年たっても微動だにしない夫婦生活、甘いも辛いも噛《か》みしめて生きていく夫婦生活の根抵はやっぱり今ここに日蓮聖人の教えられる通りではないかと思う。しかし単なる夫唱婦随《ふしょうふずい》ではない。

兄弟鈔に「女人となる事は物に随って物を随える身なり」（九三二頁）とある。表では随っているようで、実は随えるのである。女の強さはここにあると思う。しかも「これ偏《ひと》えに今生《こんじょう》ばかりの事にはあらず。世世《せせ》生生《しょうしょう》に影と身と、華《はな》と果《このみ》と、根と葉とのごとくにておわするぞかし」（九三二頁）とも教えられている。

そして夫婦ともどもに法華経の信仰に励んでこそ世世《せせ》生生《しょうしょう》影と身のようであり得るのである。

四条金吾殿御返事には「ただ、女房と酒うちのみて、南無妙法蓮華経と唱え給え、苦をば苦とさとり、楽をば楽とひらき、苦楽ともに思いあわせて南無妙法蓮華経とうち唱えてさせ給え」（一一八一頁）とある。ここに唱題行の極意が説かれていると思うのである。「苦をば苦とさとり、楽をば楽とひらき、苦楽ともに思いあわせて」、というところ十分に味わうべきものがあろう。

## ㊹ 法華経《ほけきょう》を信《しん》ずる人《ひと》は冬《ふゆ》のごとし、冬《ふゆ》は必《かなら》ず春《はる》となる。

（妙一尼御前御消息《みょういちあまごぜんごしょうそく》、一〇〇〇頁）

前話の桟敷女房《さじきにょうぼう》の姑《しゅうと》にあたる。下総《しもふさ》の印東次郎左衛門祐照《いんどうじろうざえもんすけてる》の妻で、二男二女を産み、その第一子が六老僧日昭上人であり、第二子祐信の妻がさきの桟敷女房である。夫を失った尼から衣を奉ったのに対し、子女の養育の容易ではないことを察し、涅槃経《ねはんぎょう》の七子有りの文を引いて尼を慰《なぐさ》め、亡夫の存生中の法華信仰を賞讃、今は亡き夫は必ずや老尼を護るであろうと述べ、自分にかえて佐渡へも、身延へも下人をつけられたことを感謝しておられるお手紙である。しみじみとした愛情を感ずるお手紙なので、大要を現代文で書いてみよう。

『天に日月がなかったらどうして草木が育ちましょう。父母もまた同じ、どちらが欠けても子供は育ちにくい。わけて亡き御主人には病気の子あり、女子あり、残られた老母も決して健《すこ》やかではない。亡き御主人は、あとの事を誰に頼んで冥途《めいど》の旅に発《た》たれたであろうか。

その昔、釈尊はお亡くなりになる時、阿闍世王《あじゃせおう》のことが気にかかる、と仰せられた。弟子は釈尊は平等の慈悲を垂《た》れたもうのに、わけて阿闍世王《あじゃせおう》と仰しゃるのはどうしたことかと尋ねると、七人の子があって一人が病気である時、その病気の一人が心にかかるではないか、と仰しゃった。

今亡くなられた御主人には病気の子もあれば、女子もある。そのうえ年老いたあなたを残してどんな気持で冥途《めいど》の旅に発たれたろうか。またこの日蓮のことも心にかけてくださっていた。その日蓮が佐渡に流罪になり、十羅刹女《じゅうらせつにょ》の守護もなきかと嘆かれたであろうが、今も御存生《ごぞんしょう》であったなら日蓮が許されたこと、そして蒙古来襲の予言の的中したことをどんなにかお喜びくださったろう。

しかしこれらの悲嘆は凡夫の心である。如来のいますころさえ怨嫉《おんしつ》が多かったのである。今法華経の信仰者たちが受難の日を送るのはちょうど冬のようなものである。必ず成仏得脱《とくだつ》の春を迎えることとまちがいない。冬から秋に逆もどりすることがないように、法華経を信ずる人が凡夫にかえることはない。

亡き御主人は法華経にいのちを捨てられた。だから亡き御主人はあの月か日の中にあって天の鏡で妻や子の身をごらんになっているに違いない。この世のあなたたちは凡夫《ぼんぶ》であってみれば一向に御存知《ごぞんじ》ないだけのこと、きっとお守りになっているに違いない。いやそればかりか、あなたのところを訪ねられることだろう。

出来ることならこの日蓮、当方からおたずねしたいと思っていた矢先に、衣を頂戴した。何とも恐縮のいたりである。法華経は諸経中王、最第一の尊いお経である。もし寿命があるならば、その功徳で生き長らえてください。もし死なれても草葉の蔭からごらんください。幼ない子供さんたちを日蓮がお世話申すでありましょう。佐渡の国といい、この身延といい、下僕《げぼく》を一人おつけくださった御志のほど、いつの世にか忘れましょう。御恩はまた生れかわって御恩報じをいたすでしょう。』

○

法華経を信ずる人は冬の如し、冬は必ず春となる——右の訳文でも触れてあるように、まさに法華経勧持品二十行の偈にあるように、法華経信者には忍難の日がつづく、ちょうど冬のようである。しかし、しばしばくりかえしてきた転重軽受《てんじゅうきょうじゅ》の法門にあったように、今の此の世の苦しみは護法《ごほう》の功徳《くどく》によって招きよせたようなもので、来世の成仏疑いなし、である。まさに春のそれのようだ、と激励されているのである。

## ㊺ それ仏法《ぶつぽう》を学《がく》せん法《ほう》は、必《かな》らず先《ま》ず時《とき》をならうべし。

（撰時抄《せんじしょう》、一〇〇三頁）

撰時抄《せんじしょう》は建治元年、聖人五十四歳、身延入山二年目の著作である。御真蹟は玉沢妙法華寺《たまざわみょうほっけじ》ほかに現存する。その前年すなわち文永十一年三月佐渡にて赦免状《しゃめんじょう》をうけとり、四月鎌倉にて平《へい》左衛門尉《のさえもんのじょう》の質問にこたえて、

「平左衛門尉は上《かみ》の御使の様《よう》にて、大蒙古国はいつか渡り候べきと申す。日蓮答えて云く、今年は一定《いちじょう》なり。」（種種御振舞御書、九七九頁）

まさに日蓮聖人の予言の通りその年の十月、蒙古高麗連合軍、合せて二万五千が対馬《つしま》、壱岐《いき》を襲い、さらに博多に上陸するにいたった。立正安国論以来の予言「他国侵逼難《たこくしんぴつのなん》」（外国から改めてくる）は、「今年は一定《いちじょう》なり」（今年はきっとやってくる）との日蓮聖人の仰せの通りとなったのである。

すでに日蓮聖人は法華経の予言の通り、末法謗法《ほうぼう》の世にこの法華経をひろめようとするなら、いろいろの難にあうという言葉通りに、度かさなる難にあい、法華経の行者、上行《じょうぎょう》菩薩《ぼさつ》の自覚

をかためられている。さらに佐渡在島中、「自界叛逆難《じかいほんぎゃくのなん》」（内輪同志の争、内乱）は北条時輔《ときすけ》の乱として現実となり、今また「他国侵逼難《たこくしんぴつのなん》」も大蒙古の来襲となって、日蓮聖人が薬師経《やくしきょう》にもとづいて予言されたところ、ことごとく現証《げんしょう》となってあらわれたのである。まさにこの時、日蓮聖人は「時」の重要性についての自信をより一層深められたのである。

○

日蓮聖人はすでに教機時国抄《きょうきじこくしょう》・顕謗法抄《けんほうぼうしょう》（いずれも弘長二年、聖人四十一歳）において五《ご》綱《こう》の教判《きょうはん》を明示された。すなわち「教《きょう》」（法華経は諸経中王、最第一と知ること）、「機《き》」（日本国の一切衆生は一向《いっこう》に法華経の機であると知ること）、「時《じ》」（如来滅後二千二百有余年、後五《ごご》百歳《ひゃくさい》のまさにこの時、妙法蓮華経広宣流布《こうせんるふ》の時刻と知ること）、「国《こく》」（日本国は一向《いっこう》大乗、なかでも法華経の国と知ること）、「序《じょ》」（法華経を捨てて諸経につくのは、教法流布《るふ》の先後、すなわち序《じょ》を知らぬものである）の五義である。

その第三の「時」をさしている。

大集経《だいしっきょう》には、仏のなくなった後の時代を五百年を単位に五つにわける。

最初の五百年は、仏法がさかんで解脱《げだつ》（さとり）を得るものが多く「解脱堅固《げだつけんご》」の時代。

次の五百年は、禅定《ぜんじよう》（精神統一）を守り仏法が持続される「禅定堅固《ぜんじようけんご》」の時代。

第三の五百年は、実践が衰え、多聞《たもん》（仏法を聞き学ぶ）を尊ぶ「多聞堅固《たもんけんご》」の時代。

第四の五百年は、堂塔を熱心に建立する「造寺堅固《ぞうじけんご》」の時代。

そして最後の五百年、つまり仏が亡くなって二千年（四つの五百年）以後の時代は、仏法の基本である戒《かい》・定《じよう》・慧《え》の三学はすたれ、あらそいを事とし自説を固執《こしゆう》して相争う「闘諍堅固《とうじようけんご》」の時代となる。

このうちの第一、第二の時代を正法《しようぼう》といい、教《きよう》（おしえ）と、行《ぎよう》（それを実行する）と、証《しよう》（それによってさとる人）のかねそなわった時代であり、第三、第四の時代は像法《ぞうぼう》といって、教と行はあるが、もはやこれによってさとる人（証）のない時代。最後の五百年を末法《まつぽう》といい、教こそあるが、行も証もみられない時代であるとする。当時の考えでは永承七年（一〇五二）から末法に入ったとされる。

右は仏教のもつ歴史観である。そして法華経薬王菩薩本事品《やくおうぼさつほんじほん》第二十三には「我が滅度の後、後の五百歳の中、閻浮提《えんぶだい》（この人間世界）に広宣流布《こうせんるふ》し」とある。さきの仏教的歴史観に照し、またこの法華経の金文に立脚することこそ、「時をならう」ことにほかならないのである。

日蓮聖人がこの仏教的歴史観にもとづいて、三国仏教弘通史《ぐづうし》をふりかえり、この「時」の観念にもとづいて、浄土、禅、真言等の元祖を仏教における獅子身中《しししんちゅう》の三虫《さんちゅう》と評し、天台宗の真言化・浄土化を企てた慈覚《じかく》、安然《あんねん》・慧心《えしん》を法華経・伝教の獅子身中《しししんちゅう》の三虫《さんちゅう》と批評されているのがこの撰時抄である。

## ㊻ 仏眼《ぶつげん》をかつて時機《じき》をかんがえよ、仏日《ぶつにち》を用《も》て国土《こくど》をてらせ。

（撰時抄、一〇〇五頁）

仏教では「機《き》」ということを大切にする。「機《き》」とは、仏の教化をうけその教化を被《こうむ》るものの素質能力をいう。一般的には法をうけて必ずさとりをひらく「正定聚《しょうじょうじゅ》」、さとり得ない「邪定聚《じゃじょう》」、いずれとも定めがたい「不定聚《ふじょうじゅ》」を説く。

私のように長い間学校教育にたずさわったものには、この「機」ということを思い知らされるような場面にしばしば遭遇する。私の奉職した女子高校などでは微分《びぶん》・積分《せきぶん》というような比較的高度な内容をふくむ「数学Ⅲ」など容易に理解し得ない。多くの女子高校では三年になってもこの「数学Ⅲ」より、むしろ基本的な「数学Ⅰ」を、徹底的に理解させる方をえらぶ傾向にある。

そこで法華経の二乗作仏《にじょうさぶつ》、久遠実成《くおんじつじょう》が説かれるにいたったのは、この「機」、つまり教えを聞く人の素質能力が向上したからであるとするか、「時」つまり「今まさに是れ時なり」というその時が至ったからであろうか、という問題が提起されているのである。

「機」という立場に立って見ると、法華経譬喩品《ひゆほん》第三に「無智の人の中に、此経を説くことなかれ」とあり、法師品《ほっしほん》第十には「分布《ぶんぷ》して妄《みだ》りに人に授与すべからず」とあり、さらに安楽行《あんらくぎょう》品《ほん》第十四には「此の法華経は諸仏如来の秘密《ひみつ》の蔵《ぞう》なり、諸経の中に最も其の上にあり、長夜《じょうや》に守《しゅ》護《ご》して妄《みだ》りに宣説《せんぜつ》せざれ」とある。これに対して「時」という立場に立って見ると、常《じょう》不《ふ》軽《きょう》菩《ぼ》薩品《きっぽん》第二十に「しかもこの言を作す、我れ深く汝等を敬う」「四衆（比丘《びく》、比丘尼《びくに》、優婆塞《うばそく》、優《う》婆夷《ばい》）の中に瞋恚《しんに》を生じ心不浄なる者あり、悪口罵詈《あっくめり》して云く、この無智の比丘」「衆人或いは杖木瓦石をもってこれを打擲《だちょう》す」とあり、勧持品《かんじほん》第十三には「諸の無智の人悪口罵詈《あっくめり》等し及び刀杖を加うる者あらん」とあり、しかもこれらの人々に対して説かれているというのは、これは説く人のあやまりであろうか、というのである。

これに対して章安大師は取捨宜《しゅしゃよろ》しきにしたがってあながちに一方的にかたよつてはならぬといましめられ、四つの場合をあげておられる。

1、或時は謗法《ほうぼう》の機根《きこん》に対しては説かず

2、或時はたとえ謗法のものでも敢えて説く

3、或時は一機は信じても万機が謗《そし》るならば説かず

4、或時は万機一同に謗ずとも敢えて説く

しかし釈尊の説法をふりかえってみるのに、さとりをひらかれた菩提樹下で華厳経《けごんぎょう》をお説きになった時には、数多《あまた》の大菩薩たちをはじめ智慧のすぐれた人が多かった。また鹿野苑《ろくやおん》での説法にも智慧第一といわれた舎利弗《しゃりほつ》を始めとする多くの大衆が居られた。がいずれの時も法華経を説かれなかった。また釈尊の御父にあたる浄飯王《じょうぼんおう》のためには観仏三昧経《かんぶつさんまいきょう》、御母のためには忉利天《とうりてん》に昇って摩耶経《まやきょう》をお説きになったが、やはり法華経はお説きにならなかった。聴衆の素質能力（機）によるとすれば、慈父慈母にさえもお説きにならなかったというのは理解しがたい。やはり「時」を重んじられたからである。

ではどんな「時」に法華経をお説きになったのであろうか。これはいかなることも明了に認識される仏の智慧の眼をもって時機をかんがえねばならず、また赫々《かっかく》たる仏の智慧になぞらえられる大日輪をもって国土の相を照してみなければならぬ、そして、以下前話に述べた大集経《だいしっきょう》の五五百歳、薬王品の話となるのである。

## ㊼ 不軽《ふきょう》菩薩《ぼさつ》は誹謗《ひぼう》の四衆《ししゅう》に向《むか》いて、いかに法華経《ほけきょう》をば弘通《ぐづう》せさせ給《たま》いしぞ。

（撰時抄《せんじしょう》、一〇二一頁）

法華経第二十常不軽菩薩品《じょうふきょうぼさつほん》の冒頭に仏は得大勢菩薩《とくだいせぼさつ》（勢至菩薩《せいしぼさつ》のこと）に、「もし比丘《びく》、比丘尼《びくに》、優婆塞《うばそく》、優婆夷《うばい》の法華経持《たも》たん者を、もし悪口《あっく》、罵詈《めり》、誹謗することあらば、大なる罪報を獲《え》んこと前《さき》に説くがごとし。その所得《しょとく》の功徳《くどく》は、さきに説く所の如く眼耳鼻《げんにび》舌身《ぜっしん》意、清浄《しょうじょう》ならん」

とあります。比丘《びく》（男性の出家）、比丘尼《びくに》（女性の出家）、優婆塞《うばそく》（男性の信者）、優婆夷《うばい》（女性の信者）を四衆《ししゅう》とよびならわしています。この法華経を受持する四衆に対し、悪口《わるぐち》をいい、ののしり、そしるものは、大きな罪の報《むく》いをうける、ということは、譬喩品《ひゆほん》第三の末尾の偈頌《げじゅ》の中で「もしは仏の在世、もしは滅度の後に、それ、かくの如き経典を誹謗《ひぼう》することあらん……」以下その罪報が述べられています。また法師功徳品《はっしくどくほん》第十九の冒頭には、

「もし善男子、善女人、この法華経を受持《じゅじ》し、もしは読《よ》み、もしは解説《げせつ》し、もしは書写《しょしゃ》せん。この人はまさに八百の眼の功徳、千二百の耳の功徳、八百の鼻の功徳、千二百の舌の功徳、八百の身の功徳、千二百の意の功徳を得べし。この功徳をもって六根《ろっこん》を荘厳《しょうごん》して皆清浄ならしめん」

とある。

○

その昔、威音王如来《いおんのうにょらい》という仏さまがいらっしゃった。そして声聞《しょうもん》のためには四諦《したい》の法を、縁覚《えんがく》のためには十二因縁《じゅうにいんねん》を、菩薩《ぼさつ》のためには六波羅蜜《ろくはらみつ》を説いて、それぞれさとりを得しめられた。その威音王如来がおなくなりになって、次にまた威音王如来と名づける仏が出現された。かくのごとく二万億の威音王如来がつぎつぎと御出現になった。

最初の威音王如来《いおんのうにょらい》がおなくなりになって、正法《しょうぼう》の時代がすぎ、像法《ぞうぼう》の時代に「常不軽《じょうふきょう》」と名づける一人の菩薩比丘《ぼさつびく》があった。この菩薩比丘はおよそ目にとまる比丘《びく》、比丘尼《びくに》、優婆塞《うばそく》、優婆夷《うばい》を悉《ことごと》く礼拝讃歎《らいはいさんだん》して「我れ深く汝等を敬う敢《あえ》て軽慢《きょうまん》せず、所以《ゆえ》は何《いか》ん、汝等菩薩の道を行じて、まさに作仏《さぶつ》することを得べし」と。この菩薩比丘《ぼさつびく》は経典を読誦《どくじゅ》せず、ただ礼拝をのみ行じたという。ところが四衆の中にいかりを生じ、心のよくないものがいて、ののしって言うには「この比丘《びく》は一体どこからきて、『我れ汝を軽しめず』などといい、私たちは仏になると授記《じゅき》（成仏の予言）するのだ。そんなウソの授記など、誰が信ずるものか」と。

　こんな風に長年の間、ののしられても、一向にいかりを生ずることもなく、くりかえし「あなたたちは仏になられます」と言いつづけた。中には杖《つえ》や石でなぐりつけるものさえあったが、その場をのがれて、さらに声高《こえだか》にその人たちに向って「私はあなたたちを軽しめたりいたしません。あなたたちは必ず仏になられます」と言いつづけた。

○

　これが常不軽菩薩品《じょうふきょうぼさつほん》の骨子です。悪口《あっく》、罵詈《めり》する四衆に向って、あなたたちは仏になると言いつづけたのである。この言葉、「我深《ク》敬《ウ》汝等《ヲ》、不敢《テ》軽慢《セ》、所以者《ハ》何《ン》、汝等皆行《ジテ》菩薩道一ヲ、当ニシレ得ニ作仏一スルヲ」の二十四字を、御義口伝《おんぎくでん》下、常不軽品に「この廿四字と妙法の五字はかわれどもその意はこれと同じ、廿四字は略法華経なり」（二六七八頁）と仰せられている。また寺泊御書には「過去の不軽品《ふきょうぼん》は今の勧持品《かんじぼん》、今の勧持品は過去の不軽品なり。今の勧持品は未来、不軽品たるべし。その時は日蓮はすなわち不軽菩薩たるべし。」（原漢文、五一五頁）と仰せられ、さらに崇峻天皇御書《すしゅんてんのうごしょ》には「一代の肝心《かんじん》は法華経、法華経修行の肝心は不軽品にて候」（一三九七頁）と仰せられている。

## ㊽　日蓮《にちれん》こいしくおわせば、常《つね》に出《いず》る日《ひ》、ゆうべにいづる月《つき》をおがませ給《たま》え。

（国府尼御前御書《こうあまごぜんごしょ》、一〇六四頁）

日蓮聖人の御書、わけて女性へ宛てられたもののなかには、まことに真情あふるるものが多い。国府尼御前御書《こうあまごぜんごしょ》もまたそのひとつである。真蹟は佐渡妙宣寺《みょうせんじ》に格護せられている。

建治元年、日蓮聖人身延入山の翌年、御歳五十四歳、六月十六日のお手紙である。

国府尼御前とは国府入道の妻である。佐渡の国府、今の真野町に住んだ人で、

「結局国主北条氏より二度まで勘気《かんき》をうけた。一度は伊豆の国、そしてこのたびは佐渡の国。こういうありさまであるから、わがいのちをつぐべき糧食もなく、身を掩《おお》うほどの粗末な衣もない。はるか北海の島にはなたれたことゆえ、佐渡の国の僧も俗人も、鎌倉の男女よりも怨嫉《おんしつ》危害を加えた。荒涼《こうりょう》とした野中に捨てられ、ふり積む雪に寒さは肌《はだ》をさし、わずかに野の草をつんでいのちをささえた」と、当時のことを回顧しておられる。

こんなに日本国中のすべての人に謀反人《むほんにん》か強盗でもあるように見捨てられたこの日蓮聖人に、佐渡在島中に帰依したのが、阿仏房《あぶつぼう》夫妻と国府《こう》入道《にゅうどう》夫妻である。

「しかるに尼御前並びに入道殿は、彼の国にある時、人目をおそれて夜中に食を送り、ある時は国の責《せ》めをもはばからず、身にもかわらせし人々なり」とある。

千日尼御前御返事に

「地頭《じとう》や念仏者たちが日蓮の庵室《あんしつ》に昼となく夜となく見張りをして、日蓮の庵室を訪ねるものがあれば、さまたげようとしたけれども、阿仏房に櫃《ひつ》を背負《せお》わせ、夜中にたびたびお訪ねあった

こと、いつの世にか忘れられましょうか。ただ日蓮の慈母が佐渡の国に生まれかわったのであろうか」（一五四五頁）とあるように、地頭や念仏者たちが昼夜に見張りをした、その隙《すき》に夜中糧食を運んだというのである。そしてそればかりではない、

「またそれ故に所を追われ、科料をとられ、さらには住居さえもとられたのに、遂に最後まで法華経の信仰を貫き通された」（一五四五頁）とある。

以上のような苦難のなかで日蓮聖人の外護《げご》にいのちをかけ、法華経の信仰を貫いた阿仏房夫妻、国府入道夫妻のおられる佐渡の国であってみれば、いろいろつらい思いをした佐渡の国であるが、いよいよ赦免《しやめん》ということになって佐渡を離れる時には、

「剃《そ》りたる髪《かみ》を後《うしろ》へ引かれ、進む足もかえりしぞかし」（一〇六四頁）と述懐されている。

そして遙々と主人の国府入道をこの身延までお使いにつかわされたお礼を述べられたあと、

「夢か幻か、尼御前のお姿は見えないのは残念だけれど、この厚いお志の上に留められているように思われます。この日蓮が恋しくば、常に出づる日、夕に出づる月を拝んで下さい。必ずや日月にわが姿を浮べる身でありります。また後生《ごしよう》では霊山浄土《りようぜんじようど》へ互いにまいりあいましょう」と結んでおられる。

「恋しくおわせば」とあることばに、お自我偈の「ことごとく、みな、恋慕《れんぼ》をいだいて、渇仰《かつごう》の心を生ず（咸皆懐恋慕而生渇仰心）」の一節が思われる。熱い信仰を通じての帰依渇仰《きえかつごう》である。われわれもまた熱い信仰によって本仏釈尊に、そして宗祖日蓮聖人に心の底から帰依渇仰を捧げたいものである。

## ㊾ されば仏《ほとけ》になるみちは善知識《ぜんちしき》にはすぎず、わが智慧《ちえ》なにかせん。

（三三蔵祈雨事《さんさんぞうきうのこと》、一〇六五頁）

建治元年、聖人五十四歳。身延より駿河国《するがのくに》（静岡県）富士郡西山郷《ふじぐんにしやまごう》を領した北条氏の家人、大《おお》内安清《うちやすきよ》に与えられた御手紙で、真蹟は大石寺にある。地名に因《ちな》んで西山殿とよばれた。学殖《がくしょく》の豊かな人で、もと真言（台密）を信じていたが、日蓮聖人の鎌倉弘通の折、法華経の信仰に帰し、日蓮聖人亡《な》きあと、、日興上人《にっこうしょうにん》、さらに日興上人亡《な》きあと日代上人《にちだいしょうにん》に従い西山本門寺（旧本門宗）を建立した。

三三蔵《さんさんぞう》とは、中国真言宗の善無畏《ぜんむい》（六三七―七三五）、金剛智《こんごうち》（六七一―七四一）、不空《ふくう》（七〇五―七七四）の三人の三蔵法師《さんぞうほうし》をさしている。

日蓮聖人は仏法は道理、証文よりも現証《げんしょう》（現実の証拠）こそ大切であるとし、これらの三蔵が雨乞い（祈雨）をされ、確かに雨は降ったものの、そのあと大風が吹き大きな被害が出るに及んだこと、並びに弘法大師《こうぼうだいし》が三七日雨乞いをされたが遂に雨ふらず、天皇自ら行なわれた雨乞いで雨が降ったのを、あたかも自分の雨乞いの霊験《れいげん》である如く言いふらした事例をあげ、これに対して中国の天台大師《てんだいだいし》、わが国の伝教大師《でんぎょうだいし》の雨乞いはみごと成功し、わけて伝教大師の成功によって大乗戒壇《だいじょうかいだん》設立が許可されたことを比較して述べられている。

このお手紙をいただかれた西山殿が、かつて真言の信仰を持っておられたことと結びついて、真言亡国《しんごんぼうこく》の趣《おもむき》を徹底してお説きになっている。さては弘法大師が弘仁九年（八一八年）疫病《えきびょう》流行の時、祈禱したら夜半日輪が現れたとか、また帰朝の時船から三鈷《さんこ》を投げたら、それが雲をわけて高野山に飛んだとか、これらもいずれも想像もつかぬ怪しげなまどわしである、ときめつけておられる。

○

さてここに掲げた一文は、それらに先立って成仏得道《じょうぶつとくどう》の直道《じきどう》は善智識《ぜんちしき》にめぐりあうことであることを教えられたものである。善智識（善知識）とは、善法、正法を説いて正しい仏法に導く人のことである。

大風が吹いても、しっかりした支柱でかいぞえしておけば樹木は倒《たお》れない。貧弱な樹木でも支柱さえしっかりしておれば倒れないが、少しがっちりした樹木でも、かいぞえがないと倒れる。そのように善智識がなければ、正しい信仰には容易に入れない。

数多い釈尊のお弟子たちをかえりみても、おそらく舎利弗《しゃりほつ》や迦葉尊者《かしょうそんじゃ》を除いては、釈尊にめぐりあわねば、いずれも三悪道《さんなくどう》に堕《お》ちたであろう。中でも、マガダ国の阿闍世王《あじゃせおう》やアングリマーラ（鴦掘摩羅《おうくつまら》）などの悪人は、釈尊という善智識にめぐりあわねば地獄は必定の人であった。

アングリマーラとは、別名指鬘外道《しまんげどう》ともいう。出曜経《しゅつようきょう》、律蔵大品《りつぞうだいぼん》をはじめ、原始仏典にしばしば述べられた有名なお話で、鴦掘摩羅経《おうくつまらきょう》にもまとめられている。

コーサラ国に指鬘《しまん》（アングリマーラ）という兇悪《きょうあく》な盗賊がいた。人を殺し、その指で首飾りとしたという。たまたま釈尊が祇園精舎《ぎおんしょうじゃ》を出てサーヴァッチー城に行乞《ぎょうこつ》に出られ、盗賊の出没するという方向に向われた。人々はそれを見て驚き、釈尊を制止《せいし》しようとしたが、かまわず進まれたところ、盗賊指鬘《しまん》に遭遇《そうぐう》された。盗賊は剣をもって迫ろうとしたが、容易に近づけなかった。そこでいらだった盗賊は釈尊に「汝、止まれ」と声をかけた。ところが釈尊は「私は初めからここに立止っているではないか」と。かくて釈尊は諄々《じゅんじゅん》と教えさとされ、ついに剣を大地に投げて、釈尊のもとに入信した。

ところがコーサラ王パセーナディ王は五百の兵をひきいてやってきた。そして行きあった釈尊にアングリマーラの行方をたずねた。そこで釈尊は「もし、その兇悪《きょうあく》な盗賊が前非《ぜんひ》を悔《く》いて出家したとすれば、あなたはどうされるか」と問うと「私は彼を敬礼し、彼を迎え、彼を保護するでありましょう」と。そこで指鬘《しまん》を王に引きあわされ、王は指鬘《しまん》を敬礼し、保護することを誓うと共にこう釈尊に申しあげた。「偉《い》なるかな世尊《せそん》、世尊の導《みちび》きは最上なり。われらが武器をもってしても、遂に伏《ふく》せしむること得ざりし者を、世尊はよく武器なくして伏せしめたまえり」と。

○

日蓮聖人はさらに、末代悪世では善智識は爪上《そうじょう》の土、悪智識は大地微塵《みじん》よりも多い。このたび日蓮にめぐりあわれたことよなき仏縁を大切にして、何はともあれ、法華経によって生死《しょうじ》の迷界《めいかい》を離れるよう精進《しょうじん》されよ、と教えられた。

### ⑸⑽ 上一人《かみいちにん》より下万民《しもばんみん》までににくまれて、山中《さんちゅう》に飢《う》え死《し》にゆべき法華経《ほけきょう》の行者《ぎょうじゃ》なり。

（南条殿御返事《なんじょうどのごへんじ》、一〇七九頁）

建治元年（聖人五十四歳）七月二日、富士の上野を領した南条時光《なんじょうときみつ》に宛《ち》てられたもので御真蹟は大石寺ほかにある。南条時光は、本書第四、五、六話で扱った南条兵衛七郎の長男で、日蓮聖人が身延に入山後、はじめて文を通じ、母子ともども心をあわせて熱烈な信仰に入った。熱原《あつはら》法難《ほうなん》（弘安二年、聖人五十八歳）の前後、幕府の弾圧を受けたが毅然《きぜん》として信仰を貫き、危険をおかして同信の人々を援護した。聖人の身延在山のころ、篤信《とくしん》の士としては鎌倉の四条金吾《しじょうきんご》、下総《しもふさ》の富木《とき》、太田《おおた》、曽谷《そや》の諸氏、武蔵国《むさしのくに》の池上宗仲《いけがみむねなか》、宗長《むねなが》兄弟、さらに伊豆、佐渡など各地にあり、それぞれ供養の品をささげているが、中でも聖人との間に使者の往復もっともはげしく、従って供養の物資の最も多かったのは四条金吾と、南条時光である。わけて南条氏は身延との距離一日行程で、四季折々の収穫を家僕《かぼく》に持たせ、聖人の乏しい生活を助けた。四条金吾からは金子《きんす》、米《こめ》等が多かったのに対して、南条氏からは田畠の収穫を供養することが多かった。ここにも、「白麦《しらむぎ》一俵、小白麦《こしらむぎ》一俵、河のり五帖《じょう》」が送られたお礼のお手紙である。

白麦《しらむぎ》、小白麦《こしらむぎ》というのは精白した大麦と小麦のこと、河のりとは山間の溪流に生ずる緑藻類で、南条氏にとっては在所に近い芝川に産する芝川海苔《しばかわのり》で、海産のものとはまたちがった風味があるという（『日蓮聖人と諸人供養』による）

さきにも触れたことであるが、日蓮聖人ほど、一つ一ついただいたものへの感謝の心を持たれる人も珍しいのではなかろうか。わけて身延在山中、何かと御不自由であったせいもあろうか、一つ一つ克明《こくめい》にお礼を述べられている姿は、物にめぐまれた今の世の人たちの深く思いをいたさねばならぬことではなかろうか。

日蓮聖人はここに品々のお礼によせて、布施《ふせ》の功徳《くどく》を述べられている。わけて釈尊の弟子、阿《あ》那律《なりつ》と迦葉《かしょう》の両尊者《そんじゃ》のことをあげておられる。

阿那律《あなりつ》という人は仏の十大弟子の一人、天眼《てんげん》第一とよばれた。釈迦族の王族で、釈尊の従弟《いとこ》にある。釈迦の一族には、難陀《なんだ》、阿難《あなん》、など美男子で女性に好かれた人が多い。阿那律もその例にもれず旧妻ジャーリニーの誘惑をはじめ、遊行中宿泊した婦人の家で、夜中その婦人にいどまれ、赤骨観《しゃっこつかん》を修し、神通《じんづう》をもって空中に昇り、この婦人を教化したという有名な話が増一阿含《ぞういつあごん》経《ぎょう》、玉耶女経《ぎょくやにょきょう》などに伝えられている。

彼はかつて釈尊の説法中居眠りをしたことから発憤し、生涯如来の前に於いて眠らないという誓いをたて、ために失明して、肉眼を失って天眼《てんげん》をえたと伝えられる。その阿那律《あなりつ》にまつわって、まことさわやかな話が伝えられている。ある時、盲目の阿那律が針に糸を通そうとしたが通すことができなかった。その時彼は「誰か自分のために福を求めようと思う者は、私の針に糸を通して下さい」と言った。すると釈尊が「それを私に通させて下さい」と申し出られた。阿那律《あなりつ》は驚いて「仏はもう福を積みあげられたのではないですか」と問うた時、釈尊は「世間で福を求める者の中で私に過ぐる者はない」と答えられたというのである（十誦律《じゅじゅりつ》二八）。まことに気持のいい、すがすがしい話である。

この阿那律について、その幼名を如意《にょい》といったが、そのわけは心の思う通りに宝を降らせたからだという。そのいわれ因縁は、昔飢饉《ききん》の世に、縁覚《えんがく》（辟支仏《ひゃくしぶつ》）に「稗《ひえ》の御飯《ごはん》」を供養したがためであると釈尊が答えられたという。

次にまた十大弟子の一人迦葉尊者《かしようそんじや》の例が出ている。迦葉は、マガダ国王舎城《おうしやじよう》の程近くに住んだ大金持の婆羅門《ばらもん》の子であったという。莫大な財産をもち、妻は絶世の美人であったが、夫婦生活もせず、二人で相談して、釈尊が竹林精舎《ちくりんしようじや》（王舎城）に居られる時、共に仏門に入った。釈尊入滅の折には舎利弗《しやりほつ》、目連《もくれん》はすでになく、迦葉が最長老であり、王舎城《おうしやじよう》の七葉窟《ひちようくつ》で最初の仏《ぶつ》典結集《てんけつじゆう》が行なわれた時、その中心となった人物である。

日蓮聖人は、迦葉《かしよう》が在俗中、無類の大財産家だった因縁は、飢饉《ききん》の世に一杯の麦飯《むぎめし》を辟支仏《ひやくしぶつ》に供養したためである、という仏の言葉を述べられている。

仏在世の阿那律《あなりつ》、迦葉《かしよう》の因縁を引いて、今南条氏が白麦、小白麦を供養された。むかしも、今も、功徳《くどく》はかわらない。上一人から下万民にいたるまで、国中の人々に憎《にく》まれて、身延の山中に飢《う》え死《じ》にすべき法華経の行者日蓮をあわれに思われての御供養。麦は麦にして麦にあらず、黄金《こがね》である。いや黄金ではなくして、法華経の文字である。われら凡夫《ぼんぶ》の肉眼では麦ではあるが、法華経守護の十羅刹女《じゆうらせつによ》は、この麦を仏になるべき種子とごらんになるだろう、と布施《ふせ》の功徳《くどく》を述べておられる。

## ⑸⑴ 閻浮《えんぶ》の内《うち》の人《ひと》は病《やまい》の身《み》なり。法華経《ほけきょう》の薬《くすり》あり。

（高橋入道殿御返事《たかはしにゅうどうどのごへんじ》、一〇九一頁）

高橋六郎入道は、北条時頼《ときより》の家臣で兵衛尉《ひょうえのじょう》の官職にあった。駿河国富士郡加島荘《するがのくにふじぐんかしましょう》に住み、女房は早くから法華経の信仰に入っていたが、夫六郎入道は容易に念仏の信仰を捨てなかった。日蓮聖人が鎌倉から身延に入られる折も、「たとい各々はいとわせ給うとも、今一度は見たてまつらんと、千度《ちたび》思いしかども、心に心をたたかいて過ぎ候き」（一〇八九頁）つまり、「たとえみなさんには御迷惑になろうとも今一度お目にかかりたいものと幾度も幾度も思ったが、いろいろ思い煩《わずら》った上、お会いしないで通り過ぎた」とある。純粋の信仰一途の信者とはちがったニュアンスが感じられる。その高橋六郎入道が、

「ただし人皆にくみ候に、すこしも御信用のありし上、これまでも御たづねの候は、ただ今生《こんじょう》計《ばか》りの御事にはよも候わじ、定めて過去の故か」（一〇九一頁）と述べておられるあたり、このころ夫の六郎入道も日蓮聖人に帰依された消息を読みとることができる。真蹟は大石寺ほかに現

存する。覚乗坊日静《かくじようぼうにちじよう》（佐渡妙照寺二世、実相寺開基）、伯耆坊《ほうきぼう》（日興上人のこと）を病気見舞に遣わされた折に持たされたお手紙である。

○

正法《しようぼう》時代、像法《ぞうぼう》時代、そして末法《まつぼう》には、それぞれ相応《そうおう》せる教を釈尊は遺《のこ》されたが、末法には上行菩薩《じようぎようぼさつ》に妙法五字を付嘱《ふぞく》されている。末法には謗法《ほうぼう》の者しげく、また日月蝕《にちげつしよく》、彗星《すいせい》、地震、さらには自界叛逆《じかいほんぎやく》、他国侵逼《たこくしんぴつ》と、仏記《ぶつき》（仏の予言）の通りつぎつぎと現われ、日蓮聖人御自身また勧持品二十行の偈を色読《しきどく》された。だからこそ「仏の記文《きぶん》少しもたがわず、日蓮が法華経の行者なる事も疑わず」（一〇八七頁）と、本化上行菩薩の自覚を明示されている。

そして佐渡赦免《しやめん》後の鎌倉における平左衛門《へいのさえもん》に対する第三の国諌《こつかん》に説き及び、真言亡国《しんごんぼうこく》の義を何よりも現証《げんしよう》（現実の証拠）によって明示、決断されているのである。

○

最後に高橋六郎入道の病気を慰《なぐさ》め、法華経の良薬、法華経受持の人高橋入道、そして平癒を祈る法華経の行者日蓮と、「三事相応《さんじそうおう》しぬ。一身いかでたすからざるべき」と結んでおられる。言うまでもなく、法華経如来寿量品長行《によらいじゆりようほんじようごう》の終りに「良医のたとえ」が述べられている。そしてそこに「是の好き良薬、今留《とど》めて此に在り」（是好良薬《ぜこうろうやく》、今留在此《こんるざいし》）との金文がある。「閻浮提《えんぶだい》」つまりこの世の人はすべて病いの身である。その薬を癒《いや》すのは、この法華経の良薬に待つばかりである。この法華経の教えによせて、高橋六郎入道の病気平癒の疑いないことを述べられたものである。

## ㊾ 病《やまい》によりて道心《どうしん》はおこり候《そうろう》。

（妙心尼御前御返事《みょうしんにごぜんごへんじ》、一一〇三頁）

妙心尼《みょうしんに》の氏姓行状《しせいぎょうじょう》は詳《つまび》らかでない。古来第四十八話に述べた西山殿こと、大内安清の妻とも、また第五十話に述べた高橋入道の妻との説もあるが一種の推測にすぎない。ともかく妙心尼が夫の入道の病気を知らせたことに対する御返事であるが、本文はむしろ夫の入道に与えられた文である。追伸《ついしん》で夫との別れを惜しみ髪《かみ》を剃《そ》り尼《あま》となられたことにふれ、信心を励まされている。

ここで日蓮聖人は、前話と同じく、仏は不死の薬である法華経をお説きになった。法華経こそ閻浮提《えんぶだい》の人の病の良薬である。そしてその病の中でも、最も重いのが五逆罪《ごぎゃくざい》、一闡提《いっせんだい》と謗法《ほうぼう》であり、日本国中の人たちは、この謗法の重い病にとりつかれながら、自身全く気付いていないことが述べられている。

五逆罪《ごぎゃくざい》とは一、父を殺す、二、母を殺す、三、阿羅漢《あらかん》（小乗のさとりを得た人）を殺す、四、仏の身体を損じて血を出す（提婆達多《だいばだった》の例）、五、教団の和合を破る、である。一闡提《いっせんだい》とは、善根を断ち、信の心の具足《ぐそく》していない人、つまり成仏の素質、縁を欠くものをいう。謗法《ほうぼう》は言うまでもなく仏の正法を謗るもののことである。

ところが、この御書の中に入道の病によせて、病一般について述べられている。

「人の死ぬる事は病にはよらず」とあり、当時蒙古《もうこ》の来襲《らいしゅう》によって壱岐《いき》、対馬《つしま》の人々が殺されたことをあげ、さらに「病あれば死ぬべしということ不定なり」つまり、病気だからといって死ぬとはきまっていない、とさとされている。そして、入道の病気は仏のおんはからいであろう。維摩経《ゆいまぎょう》や涅槃経《ねはんぎょう》に、病ある人は仏になるべき由《よし》説かれている。そして病のみが死因となるものでなく、かえって病気が求道《ぐどう》の縁となって道心《どうしん》がおこるのであろうかと示されている。

人間という存在は厄介《やっかい》なものである。健康な毎日をすごしている時には、健康であるということさえ意識しない。そして目先きの日常の生活に忙殺《ぼうさつ》されて、私が生きている、ということへの反省、自覚、さらには感謝ということもない。一たび病に倒《たお》れると、百八十度転換する。わけて重い病の時はなおさらである。いやでも自己の死に直面させられる。「おれが死ぬ」というどうしようもない脅迫感《きょうはくかん》が日ごと夜ごと自己をさいなむ。

しかし、ともかくも、自己の生の何たるかを自覚、反省させられるのである。かくて、或る人は自暴自棄《じぼうじき》に陥るか、一方では自己の生をしっかりと見つめて、人間所詮《しょせん》人間の限りにしか生きられぬことに気付くと共に、永遠なるものへの思慕《しぼ》をいだくにいたる。これこそが道心なのである。禅僧良寛は「病気の時は病気になるがよろしく候」と達観《たっかん》している。そのためには、平素健康な時から、生死事大《しょうじじだい》、無常迅速《むじょうじんそく》と心がけて生きることが何よりも肝要《かんよう》であろう。

㉝ 末法《まっぽう》に入《い》って法華経《ほけきょう》を持《たも》つ男女《なんにょ》のすがたより外《ほか》には宝塔《ほうとう》なきなり。

（阿仏房御書《あぶつぼうごしょ》、一一四四頁）

佐渡妙宣寺《みょうせんじ》を開いた阿仏房日得《あぶつぼうにっとく》が「多宝如来涌現《たほうにょらいゆげん》の宝塔《ほうとう》、何事《なにごと》を表《ひょう》し給《たも》うや」と問うたのに答えられたものである。阿仏房は俗名を遠藤左衛門尉為盛《えんどうさえもんのじょうためもり》と称し、承久《じょうきゅう》の乱《らん》によって佐渡へ流された順徳上皇《じゅんとくじょうこう》に供奉《ぐぶ》した北面《ほくめん》の武士。在島二十四年、順徳上皇が亡くなられたのち、上皇の菩提《ぼだい》を弔《とむら》うために出家して念仏の徒となった。弥陀《みだ》の怨敵《おんてき》日蓮聖人をなきものにと劔を携えて聖人の庵室を襲い、言下に説破せられ、後妻《のち》と共に法敵重圍の中を、さきに述べた国府入道夫《こうにゅうどうふ》妻《さい》と共に日蓮聖人を外護《げご》した。日蓮聖人は本書のなかでも「浄行菩薩《じょうぎょうぼさつ》（本化《ほんげ》の四菩薩の一人）生れかわり給いてや、日蓮を御とぶらい給うか」とまで感激の言葉を述べられている。身延入山後、老の身をもって三度までも、しかも三度目は九十歳で佐渡から遙々身延を訪ねられたほどの篤信者である。御真蹟はないが、偽書説もない。

○

ここに言う宝塔《ほうとう》とは、言うまでもなく、法華経見宝塔品《けんほうとうほん》第十一に示された多宝如来《たほうにょらい》の宝塔である。

「その時に仏前に宝塔あり、高さ五百由旬《ゆじゅん》縦広《じゅうこう》二百五十由旬《ゆじゅん》なり。地より涌出《ゆじゅつ》して空中に住在《じゅうざい》す」とある。宝塔がいかに美しく飾られてあったかを述べたあと、宝塔の中から

「善哉善哉《ぜんざいぜんざい》、釈迦牟尼世尊《しゃかむにせそん》、よく平等大慧《びょうどうだいえ》教菩薩法《きょうぼさつぼう》、仏所護念《ぶっしょごねん》の妙法華経をもって大衆の為に説きたもう。是《かく》の如《ごと》し、是の如し、釈迦牟尼世尊の所説のごとき皆これ真実なり」と多宝如来の大音声が聞える。これに対し大楽説菩薩《だいぎょうせつぼさつ》がこの因縁をたずねると、「この宝塔の中に如来の全身います」とあって、過去無量千万億阿僧祇《あそぎ》の世界に宝浄《ほうじょう》という国に多宝如来《たほうにょらい》がいました。この仏の誓願は、法華経の説かれるところ、必ず宝塔涌現《ゆげん》し、法華経のために「ために証明《しょうみょう》と作《な》」らん、と。

そこで大楽説菩薩が多宝如来を拝したいと願うと、それには十方の分身の諸仏が来集することが必要であると、ここに十方分身の諸仏が集められ、「三変土田《さんぺんどでん》」といって、この娑婆世界《しゃばせかい》は変じて清浄となり、またあらゆる十方の世界は通じて一仏国土となる。かくて釈尊が右の指をもって七宝の宝塔を開きたもうと、多宝如来は宝塔の中の獅子座《ししざ》に坐《ざ》し、過去無量千万億の昔に滅度《めつど》された仏であるが「全身散《さん》ぜざること禅定《ぜんじょう》に入るが如し」とある。そして多宝如来は半座を分って、釈迦牟尼仏座につき、ここに「二仏並座《にぶつびょうざ》」の姿となり、諸の大衆をも虚空《こくう》におきたもう。かくて「誰かよくこの娑婆世界に於て広く妙法華経を説かん。今正しくこれ時なり」と、虚空会《こくうえ》の説法に入るのである。そしてここから従地涌出品《じゅうちゆじゅつぽん》のはじめにつづくのである。

右が見宝塔品《けんほうとうほん》のあらましであるが、この宝塔とは一体何であるか、というのが阿仏房の質問である。

この宝塔涌現《ゆげん》には二つの意義がある。一つは証前《しょうぜん》、つまりさきに述べた「善哉善哉《ぜんざいぜんざい》、釈迦牟尼世尊…」以下の多宝如来の大音声、つまり迹門の説法の真実を証明されたことであり、二つには起後《きご》、つまり本門の永遠の仏陀の開顕を発起《ほっき》することである。

いろいろむつかしい教義、解釈はあるが、つまりは迹門の声聞《しょうもん》(舎利弗《しゃりほつ》を始めとする多くの弟子たち)の人たちが、法華経によって「唯だ一乗の法のみあって、二もなく、三もなし」仏性《ぶっしょう》の開顕《かいけん》、つまり己心《こしん》(自己の心)の宝塔を見ることであった。

だから迹門の声聞がそうであったように、末法のこの世で法華経を持つすべての人々の姿がそのまま宝塔なのである。貴賤上下の別なく南無妙法蓮華経と唱える我が身が宝塔であり、多宝如来である。ということは、

「阿仏房さながら宝塔、宝塔さながら阿仏房」にほかならないと説き示されている。

○

法華経方便品第二には、声聞《しょうもん》、縁覚《えんがく》、菩薩《ぼさつ》という三乗《さんじょう》の教《おしえ》は、方便《ほうべん》であって、ただ一仏乗《いちぶつじょう》

のみあり、とある。すべて仏になるということである。しかもその仏とは、如来寿量品第十六で永遠の仏陀であると示されている。「己心本具《こしんほんぐ》の仏性《ぶっしょう》」すべての人に内在する仏、それこそが宝塔にほかならない、ということである。それを身をもって指し示されるのが常不軽菩薩品《じょうふきょうぼさつほん》第二十の不軽菩薩《ふきょうぼさつ》である。

## ㊿④ いかでか病《やまい》も失《う》せ、寿《いのち》ものびざるべきと強盛《ごうじょう》におぼしめし、身《み》を持《じ》し、心《こころ》に物《もの》をなげかざれ。

(富木尼御前御書《ときあまごぜんごしょ》、一一四八頁)

富木尼《ときあま》については、すでに第三十三話、可延定業御書《かえんじょうごうごしょ》が富木尼の病気を慰問《いもん》せられたものであるとしていささか説明を加えた。

このたび、建治二年三月、日蓮聖人五十五歳、身延入山第三年のこと。下総《しもふさ》の国中山から富木入道が母御の遺骨を奉じて遥々身延に参詣された帰り、入道殿に託して、病気の富木尼を慰問《いもん》せられた書状である。富木入道が出家せられるや、自ら剃髪《ていはつ》して尼と称され、資性温厚、姑《しゅうと》によくつかえ、夫に貞淑《ていしゅく》、しかも信心堅固で一代の亀鑑《きかん》と仰がれた人である。御真蹟は中山法華経寺に現存する。

富木入道の母御の臨終《りんじゅう》にはまことに甲斐甲斐《かいがい》しく看護せられたことを富木入道が何時の世まで忘れないと悦んでおられたことを述べ、しかし何よりも心がかりなのは尼御前の御病気のことであると、こまごまとした注意を与えられている。必ずなおると思って三年間怠らず灸治《きゅうじ》せよ。これまでの寿命《じゅみょう》ということでもない。法華経の行者に非業《ひごう》の死などある筈《はず》がない。まさか不治《ふち》の業病《ごうびょう》ではありますまい。たとえ不治《ふち》の業病《ごうびょう》であったとしても、法華経の功徳《くどく》はまことにたのもしい。マガダ国の阿闍世王《あじゃせおう》は法華経を持って四十年の命《いのち》をながらえ、また中国の天台大師《てんだいだいし》の兄の陳臣《ちんしん》も十五年の命《いのち》をながらえた。わけてあなたは立派な法華経の行者である。御信心は月がみち、潮がさしてくるように強盛《ごうじょう》である。だから法華経の功徳《くどく》を深く信じて、どうして病が癒《い》え、いのちながらえぬ道理があろうかと強盛《ごうじょう》に心にきめ、身心をいたわり、何事も心にかけぬがよい。深い悲しみに襲《おそ》われるようなことがあった時には、壱岐《いき》、対馬《つしま》へ向う兵士のことを思うがよい。行く兵士と、これを見送る女たちの思いを想像されよ、まさに生皮《なまかわ》をはぐ想いで互いに別れている。これに比べて我ら法華経の行者は、仏になること疑いなし、と思えば何の嘆《なげ》きがあろうか――。

日蓮聖人の数多い信者の中の筆頭といっても過言でない富木入道につれそう内室であり、さきにも言ったように尼御前《あまごぜん》自身、一代の亀鑑《きかん》とも言うき女性である。この確固《かっこ》とした信仰の持主に、たとえ仮《か》りに不治《ふち》の業病《ごうびょう》であっても、法華経の功徳《くどく》を深く信じ、強く生きよ、と励まされているのである。

この御手紙の一節に「病なき人も無常まぬがれがたし」とある。わけて現代の世相にもまことに適合するいい教訓であると、つねづね拝読しているものである。

## ⑮ 二母《にも》 国《くに》に無《な》し、今《いま》より後《のち》、誰《たれ》をか拝《はい》すべき。

（原漢文、忘持経事《ぼうじきょうのこと》、一一五一頁）

前話が富木尼御前《ときあまごぜん》への消息であるが、これは母御《ははご》の遺骨をもって身延へ参られた富木入道がその帰途持経《じきよう》を忘れられたので、日蓮聖人がただちに修行者に持たせて届けられた時の消息である。富木入道については、折にふれて述べて来たが、数多い日蓮聖人の御信者の中の筆頭で、入信も他の人に先んじて、日蓮聖人立教開宗の翌建長六年であった。また重要な教義は多く富木入道を通じて一門に示されており、学殖《がくしょく》もゆたか、信心もまことに堅固な方であった。なかでも我々は日蓮聖人の御真蹟を多く現在まで格護された中山法華経寺の、そのもとを成されたのが富木入道であったことを思うと、明治の身延の火災で御真蹟の多くが烏有《うゆう》に帰したことと比べて、我々はどれほど感謝しても感謝し切れぬ思いがする。

さて、この御書、かくも信心厚き富木入道が持経《じきよう》をお忘れになった。それにつけて、日蓮聖人には珍らしく、どこかユーモラスな表現が冒頭を飾り、微笑《ほほえ》ましく思うのである。持経を忘れられたことに因《ちな》んで、忘れものの名人をあげておられる。

中国の魯《ろ》の国の哀公《あいこう》が孔子に語ったことばに「転宅《てんたく》する時、その妻を忘れた人」の話があり、また孔子の言葉に「それよりも甚しいものがある。中国の夏《か》の国の王であった桀王《けつおう》、殷《いん》の最後の王であった紂王《ちゆうおう》は、いずれも徳を治めず暴逆《ぼうぎやく》を事《こと》とし、日夜酒池肉林《しゆちにくりん》にふけって自己を忘れてしまった」と。また仏弟子の周利槃特《しゆりはんどく》は性愚鈍《ぐどん》で一偈《いちげ》を授《さず》かっても三月たってもなお覚《おぼ》え切れなかった。それぱかりでなく自分の名さえ忘れたという、まさに世界一のよく忘れるものだ。がここに日本一のよく忘れるものがいる。ほかならぬあなただ。大切な持経《じきよう》をお忘れになるとは——、とユーモラスなうちにも、訓誡をされている。

以下この忘れることにかけて真言、念仏、禅、律宗の人たちが仏陀出世の本懐《ほんがい》を忘れ、さらに今の世の天台宗はその本旨を忘れてしまって真言、念仏に流れて正統天台の法華経の行者日蓮を誹謗《ひほう》している始末であると嘆かれている。

そして富木入道は末代の愚者、凡夫ではあるが、その悲母に対する孝養に並々ならぬものがあったのに、先月九十歳で亡くなられた。子を留めて親が去るのは順序ではあるが、よくよく考えてみるに、悲母《ひも》はついに去って再び帰ってはこられない。一体いつの日か再び相見《あいまみ》ゆることがあろうか。世に二人の母があるわけでない、これから誰を拝み、誰に孝養をつくせばいいのだろう。が、この離別の悲しみ耐えがたく、悲母《ひも》の遺骨を首《くび》にかけて、遙々この身延まで苦難の道に足を運ばれたこと、まさに羅什三蔵《らじゆうさんぞう》がパミールの高原をこえられた、また役行者《えんのぎようじや》が大峰《おおみね》を攀《よ》じられたのも、またこうであったろう。そして身延の庵室で釈尊の御宝前に悲母の遺骨を安置し、至心に礼拝され、さぞ今までの苦悩や悲歎も消え、心安くお帰りになられたことであろう、と。

「二母《にも》、国になし、今より誰をか拝すべき」孝心あつい富木入道の心によせて、日蓮聖人もともどもにあつい涙を催《もよお》しておられる。しかし敬仰おかざる日蓮聖人います身延に悲母《ひも》の遺骨を納められた信心あつい富木入道は、心安く下総《しもふさ》に帰られたのである。

○

## ㊻ 小罪《しようざい》なれども懺悔《さんげ》せざれば悪道《あくどう》をまぬかれず、大逆《だいぎやく》なれども懺悔《さんげ》すれば罪《つみ》きえぬ。

（光日房御書《こうにちぼうごしよ》、一一五九頁）

光日房御書《こうにちぼうごしよ》の構成については、種種御振舞御書《しゆじゆおんふるまいごしよ》について述べた時触《ふ》れたが（第三十八話）曾《か》つて身延にあった御真蹟に、光日房御書の終りに近い「俄《にわか》に仏前にまいりて」以下がなかったこと、そして小川泰堂《おがわたいどう》居士（明治十二年没、六十六歳、高祖遺文録《こうそいぶんろく》三十冊の編集者、『日蓮大士真実伝』の著者）が高祖遺文録編集にあたって現行のように改編せられ、それが妥当なものとして昭和定本遺文録もこれに従っているのである。

光日房はさきにも言ったように、安房《あわ》の国の人で、日蓮聖人の幼いころからのなじみであったことが知られている。その光日房への消息である。

佐渡流罪のころの懐郷《かいきょう》の情をのべ、あわせて佐渡へ衣《ころも》を贈っていただいたことを感謝し、念仏、禅、律、真言の諸宗を破邪顕正《はじゃけんしょう》したことによる万人の怨嫉《おんしつ》深く赦免《しゃめん》なり難しとは考えたが、釈迦・多宝、十方の諸仏の宝前に誓状《せいじょう》をたてられた諸天に、誓いを守らねば堕地獄必定《だじごくひつじょう》と大音声に叫んだためか、自界叛逆《じかいほんぎゃく》の難あらわれ、弟子たちは釈放されたものの、日蓮なお許されず。ところがなおも強盛《ごうじょう》に諸天の守護なきを責《せ》めたところ、頭の白い鳥がとんできた。古来赦免《しゃめん》の吉兆《きっちょう》という。まさしく文永十一年二月赦免状《しゃめんじょう》が下り、鎌倉で第三の国諫《こっかん》を行ったが用いられず、身延に入山した。赦免《しゃめん》をうけて早速にも故郷にかえるべきだが、錦《にしき》を着て帰れという儒仏《じゅぶつ》の教えもあり、またそんな機会もあろうかと、帰らずにいる。そこへ安房《あわ》の国からのあなたのおたより、懐《なつか》しくいそいで拝見すると、御子息弥四郎《やしろう》殿が先立たれた由、浦島太郎の玉手箱ならで、いそいであけて悔《く》いている次第である。

いつぞや法華経講説の席で弥四郎殿にお目にかかり、いろいろ話しあった印象を述べ、世の中の苦しみのなかで、子を失った母の嘆きこそさこそと、尼《あま》の胸中を察し、ともに涙しておられる。

そしておたよりの中に、人を殺した弥四郎の成仏を問われたのに対して、懺悔《さんげ》滅罪《めつざい》の例をあげ、また母たる尼の信心、弥四郎の法華経の信心によって成仏疑いなきことを述べて結んでおられる。

〇

「それ針は水にしずむ。雨は空にとどまらず。アリを殺せる者は地獄に入り、死に屍《しかばね》を切れる者は悪道をまぬかれず。いかに、いわんや、人身《じんしん》をうけたる者を殺せる人をや。ただし大石も海に浮ぶ。船の力なり。大火も消ゆる事、水の用にあらずや。小罪なれども懺悔《さんげ》せざれば悪道をまぬがれず、大逆なれども懺悔すれば罪きえぬ」（一一五八頁）とある。

アリを殺した者は地獄におち、死んだ人の屍を切った者は悪道に堕《お》ちる。まして人間を殺した者（弥四郎をさす）が悪道におちること必定《ひつじょう》である。しかし大きな石でも船にのせれば浮くように、大火も水で消えるように、懺悔《さんげ》することによって罪は消えるのである。

法華経の結経《けっきょう》（法華経の開経《かいきょう》は無量義経《むりょうぎきょう》）である観普賢菩薩行法経《かんふげんぼさつぎょうほうきょう》には、一切の業障海《ごっしょうかい》は「皆妄想《もうそう》より生ず、もし懺悔《さんげ》せんと欲せば端《たん》坐《だ》して実相《じっそう》を思え、衆罪《しゅうざい》は霜露《そうろ》の如し、慧日《えにち》よく消除《しょうじょ》す」とある。大乗仏教における懺悔《さんげ》の典拠《てんきょ》となっている。業障《ごっしょう》とは煩悩《ぼんのうし》障《よう》、報障《ほうしょう》と共に三障《さんしょう》の一つで、悪業《あくごう》によって生じた障害《しょうがい》、五逆十悪《ごぎゃくじゅうあく》などの悪業による罪であるが、それらは諸法の実相にくらい妄想《もうそう》によって生ずる。だからこの実相を見究めることによって、太陽（慧日）のもとの霜や露のように、衆罪は消えるというのである。天台大師の事《じ》、理《り》の二懺《にせん》の理懺《りせん》がまさしくこれにあたる。

ところが日蓮聖人の立場は、さらに一歩も二歩もすすめて、他の一切の信仰を捨てて（止悪《しあく》）、妙法五字をたもつ（作善《さぜん》）ことにある。

だから本書のおわりに、

「されば故弥四郎殿は、たとい悪人なりとも、うめる母、釈迦仏の御宝前にして昼夜嘆《なげ》き弔《とむ》らはば、いかでか彼の人浮ばざるべき。いかにいわんや、彼の人は法華経を信じたりしかば、親をみちびく身とぞなられて候らん」と仰せられている。

妙法五字の信仰こそすべての鍵である。

## ㊼ 然《しか》るに日蓮《にちれん》は何《いず》れの宗《しゅう》の元祖《がんそ》にもあらず、また末葉《まつよう》にもあらず。

（妙密上人御消息《みょうみつしょうにんごしょうそく》、一一六五頁）

建治二年（聖人五十五歳、身延入山三年目）閏三月五日、鎌倉楅谷《くわがやつ》の妙密《みょうみつ》上人夫妻に送られた消息である。本書の末尾に「便宜《べんぎ》ごとの青鳧《せいふ》五連の御志」とある。妙密上人の伝記については不詳であるが、御家人《ごけにん》の直檀《じきだん》のように推測される。青鳧《せいふ》とは「銭」のこと、銭千枚を一貫文といい、「結《ゆい》」「連《れん》」も同じく千枚をもって一結《ゆい》または一連《れん》という。つまり銭五貫文を「便宜《べんぎ》ごとに」つまりついでのある毎に供養しておられたことが知られる。

さて本文では、日本に仏教が伝わって以来の歴史をふりかえり、聖徳太子の時に法華経が伝えられ、多くの人たちが法華経を読んだが、諸宗の元祖たちが法華経を読めば、弟子たちは我が師は法華経を悟得《ごとく》した、と思っているであろうが、慈恩大師《じおんだいし》は深密経《じんみつきょう》や唯識論《ゆいしきろん》の心で法華経を読み、嘉祥大師《かじょうだいし》は般若経《はんにゃきょう》や中論《ちゅうろん》の心で法華経を読み、杜順《とじゅん》や法蔵《ほうぞう》は華厳経《けごんぎょう》の心で法華経を読み、また善無畏《ぜんむい》、金剛智《こんごうち》、不空《ふくう》らは大日経《だいにちきょう》の心で法華経を読む。いずれも法華経を読んだつもりでいるだろうが、真実には誰一人読めてない。

ところが日蓮は、いずれの宗の元祖《がんそ》でもなければ末葉《まつよう》でもないが、この法華経を素直に読んだ。世の多くの先達が法華経の玄意を読みあやまっているのに対して、日蓮は仏自らの御言葉として「已に説き、今説き、当に説かん、しかもその中に於て法華経、最もこれ難信難解なり」と明らかに説かれている。その最第一の法華経の題目を弥陀の名号のようにはじめて唱え始めたのである。

これは正像二千年の間の人間の病は軽病であったので、釈尊一代第一の良薬妙法蓮華経の五字を勧めなかったばかりである。

仏記にいう、末法出現の上行菩薩本門の肝心の題目を付嘱されたがいまだ出現したまわず、日蓮がそれに先立ってこれを弘めた。

この題目はこの凡夫の身に仏の御心が宿らせ給わねば唱えがたきものである。

この題目を弘めた日蓮は再三の難に値《あ》ったが、このことはまた法華経に予言された如くで、もし日蓮がこれらの迫害にあわねば、仏の金言、法華経は虚妄《こもう》となるであろう。「春をとどめんと思えども夏となる」自然の理であり、また時のしからしむるところである。

○

大要以上のように述べられている。ふりかえって「何れの宗の元祖《がんそ》でもない、末葉《まつよう》でもない」とはどういうことであろう。

すでに中国、日本の各宗の元祖たちをあげ、それぞれ法華経を読まれたが、いずれも、読み誤っておられる、とある。それに対して日蓮聖人は、ただ素直に法華経を読み、本門の肝心の題目を唱えたにすぎない。いわば相対的に何宗、何宗といろいろある宗の一つとしてでない、仏の本意を素直に読みとったものとの確信にもとづいてかく述べられたものである。

○

なおこの御書のはじめの方で食物の三つの徳が述べられている。命《いのち》をつぐ、色《いろ》をます、力《ちから》をさずく、とある。大石寺に真蹟のある「食物三徳御書《しょくもつさんとくごしょ》」（一六〇七頁）にも同様のことが述べられている。

食物によって人間の命をたもつこと、人間の身体を盛にすること、そして非常な力をさずかる、ということであるが、これは妙密上人の供養にこたえて述べられたものである。

## ㊽ 仏教《ぶっきょう》をならわん者《もの》の、父母《ぶも》、師匠《ししょう》、国恩《こくおん》をわするべしや。

（報恩抄《ほうおんじょう》、一一九二頁）

報恩抄《ほうおんじょう》は建治二年、聖人五十五歳、身延入山第三年目、この年死去した清澄の旧師道善坊《どうぜんぼう》の報恩感謝追善回向のため撰述し、弟子日向《にこう》上人を使者として、清澄の浄顕坊《じょうけんぼう》、義浄坊《ぎじょうぼう》の両名に送り、旧師の墓前で読誦《どくじゅ》せしめたものである。恩師への追善と共に、浄顕坊、義浄坊への法門教示の意図が明らかである。真蹟は曾って身延にあった。

私は今報恩抄を読みかえしながら、今さらに日蓮聖人がいかに一切経を心をこめて深くそして広く読まれていたか。また当時の出版の実状を思うと身延在山中おそらく一切経を手もとに置いてはおられなかったろうに、インド、中国はもとより日本撰述の諸書にも及んで縦横に駆使して論を展開しておられることに深く思いをいたすのである。もちろん日蓮聖人の日蓮聖人たる所以は、単に該博《がいはく》な仏教的智識よりも、その不惜身命《ふしゃくしんみょう》の宗教的実践にあるのだが、今を去る七百年前、かくも豊富な資料を展開されていることに深い敬意を覚えるものである。

ここに掲げた一節は、報恩抄の冒頭、人間の根本道徳として知恩報恩を述べられた一節である。

それはさきにも言った本抄撰述の目的である故道善坊《どうぜんぼう》への日蓮聖人の報恩の大旨に結びつくのである。

日蓮聖人は本抄下巻末尾に近く（一二三九頁）道善坊のことをふりかえって次のように述べられている。

「故道善坊は大切にする弟子のことだから日蓮を憎《にく》いとは思ってはおられなかったろうが、大変臆《おく》病《びょう》であった上、清澄の寺を離れまいと執着しておられた人であった。地頭《じとう》の東条景信が恐ろしくもあり、提婆達多《だいばだった》やその弟子の瞿伽利《くぎゃり》のような円智《えんち》、実成《じつじょう》らの弟子が側《そば》にいて脅《おど》したのを非常におそれて、不便《ふびん》に思う弟子たちさえも捨てられた人だから、後生《ごしょう》のほどはどうかと疑われる。ただ一つしあわせなのは、東条景信や弟子の円智、実成がさきに亡《な》くなったことである。この人たちは法華経の十羅刹女《じゅうらせつにょ》の責《せ》めをうけて早く亡くなった。その人たちの死後、少し法華経を信じられたようではあるが、それはまさに喧嘩《けんか》すぎての棒ちぎり、昼の灯火のように何の役にもたたない。その上、どのような事があればとて、子や弟子は不便なものである。出来ないことでもないのに、佐渡流罪の時、一度も訪ねてくれなかったところを見ると、法華経を信じたとは言いがたい」とある。

それに対して浄顕坊《じょうけんぼう》、義浄坊《ぎじょうぼう》に対しては、日蓮幼少の時の師匠であり、立教開宗の折、東条景信に追われて清澄を出た時、あなたがたが後を追うて忍び出られたのは、まことに天下第一の法華経への御奉公である。後生《ごしょう》の成仏は疑いない、と仰せられている。

しかし、五大部の一つとして長篇のこの報恩抄は、三国仏教流伝史《るでんし》とも言える。その仏教全史をふりかえり、仏陀出世《しゅつせ》の本懐《ほんがい》である法華経、しかもその肝心の題目を、不惜身命仏記《ふしゃくしんみょうぶつき》の如く色《しき》読《どく》したこの日蓮聖人の宗教的功徳のすべてを、今旧師道善坊に捧げる。

「この功徳《くどく》は故道善坊の聖霊《しょうりょう》の御身《おんみ》に集るべし」（一二四九頁）と結んでおられる。

## ㊾ 日本乃至一閻浮提一同《にほんないしいちえんぶだいいちどう》に本門《ほんもん》の教主釈尊《きょうしゅしゃくそん》を本尊《ほんぞん》とすべし。

（報恩抄《ほうおんじょう》、一二四八頁）

報恩抄《ほうおんじょう》はさきにも言ったように、清澄《きよすみ》の浄顕坊《じょうけんぼう》、義浄坊《ぎじょうぼう》に法門を教示することも併せて目的としておられる。だから、仏教的な専門的知識を縦横に駆使して堂々の論を展開しておられる。

日蓮聖人は涅槃経《ねはんぎょう》の「法に依《よ》って人に依らざれ」（依法不依人）、同じく涅槃経の「了義経《りょうぎきょう》に依って不了義経《ふりょうぎきょう》に依《よ》らざれ」（依了義経不依不了義経）という仏教批判の基準を明示して、奈良六宗から論をはじめ、華厳経《けごんぎょう》、大日経《だいにちきょう》、法華経の勝劣《しょうれつ》をインド、中国、日本の先師の論によって展開し、わけて密教《みっきょう》（台密《たいみつ》、東密《とうみつ》）の批判きびしく、善無畏《ぜんむい》、金剛智《こんごうち》、不空《ふくう》の各三蔵《さんぞう》、日本に来って弘法《こうぼう》、慈覚《じかく》、智証《ちしょう》の事蹟をあげてこれを批判し去り、天台大師、伝教大師の意義を強調しておられる。

そのあと、「天台、伝教の弘通《ぐづう》し給わざる正法ありや」と問を設け、この正法こそ、仏が末法のために留め置き給うもので、本門の本尊、本門の題目、本門の戒壇《かいだん》の三大秘法《さんだいひほう》であることを宣せられているのである。

三大秘法の開顕《かいけん》は観心本尊抄《かんじんほんぞんしょう》以後のこと、観心本尊抄において、本門の本尊、本門の題目の二大秘法が開示され、ついで身延入山後法華取要鈔《ほっけしゅようしょう》において始めて、本門の本尊、本門の題目、本門の戒壇の三大秘法が明確に打ち出されたのである。

法華経如来寿量品《にょらいじゅりょうほん》に於いて顕本達寿《けんぽんおんじゅ》の久遠《くおん》の本仏《ほんぶつ》を本尊とし、見宝塔品《けんほうとうほん》に於いて涌現《ゆげん》した宝《ほう》塔《とう》に二仏並坐の釈迦如来《しゃかにょらい》、多宝如来《たほうにょらい》、さらには従地涌出品《じゅうちゆじゅっぽん》に於いて涌出《ゆじゅつ》された本化上行菩薩《ぎょうぼさつ》をはじめとする四菩薩を脇士《きょうじ》とすることが明示されている。言うまでもなく虚空会《こくうえ》、本門八品《ほんもんはっぽん》の説相《せっそう》である。

## ⑥⓪ 日蓮《にちれん》が慈悲曠大《じひこうだい》ならば南無妙法蓮華経《なむみょうほうれんげきょう》は万年《まんねん》の外《ほか》、未来《みらい》までも流《なが》るべし。

（報恩抄《ほうおんじょう》、一二四八頁）

この一節に先んじて「根深ければ枝繁《えだしげ》し。源《みなもと》遠ければ流れ長し」とある。日蓮聖人が旧師道善坊《どうぜんぼう》への報恩《ほうおん》の道として、今ここに三国仏教流伝史を展開された。佐渡雪中流罪中の日蓮聖人が開顕された三大秘法《さんだいひほう》、三大秘法は三にして一、一にして三である。本門の題目に集約される。その拠って来るところ、二千二百余年の昔、仏陀釈尊出世の本懐《ほんがい》にさかのぼる。しかしその本旨は、法華経の明文に明らかなように、神力別付《じんりきべっぷ》、後五百歳《ごごひゃくさい》、末法の世に約束されていたのである。しかも呵責謗法《かしゃくほうぼう》、忍難弘法《にんなんぐほう》、まさに日蓮聖人の曠大《こうだい》な慈悲によってここに実現せられたのである。

「日蓮が慈悲曠大《じひこうだい》ならば……流るべし」という表現は、日蓮聖人の謙虚《けんきょ》な表現にほかならない。もはや自から上行《じょうぎょう》菩薩《ぼさつ》の自覚にたたれ、「この功徳《くどく》は伝教《でんぎょう》、天台にもこえ、竜樹《りゅうじゅ》、迦葉《かしょう》にもすぐれたり」と確固たる宗教的信念に立っておられる。「日蓮が慈悲曠大《じひこうだい》」は明々白々、まぎれもない現実である。なればこそ日蓮聖人滅後七〇〇年の、今ここに、我々は唱題行にあけくれさせていただいているのである。

「一切衆生の盲目《もうもく》を開ける功徳《くどく》あり。無間地獄《むけんじごく》の道をふさぎぬ」と仰せられているのである。

○

いま静かに第七百遠忌を迎えるこの日本の法華経信仰の実態をふりかえってみる時、この日蓮聖人の大慈大悲が果してどれだけほんとうに理解され、生かされているであろうか。

今を去る七〇〇年のままに日蓮聖人の遺文を研究する一部宗乗学者。俗人と何等かわらぬ営業的僧侶。現世利益《げんせりやく》ただ一筋にお題目を唱える一般信者。思い半ばにすぐるものがある。他方科学的進歩は、もはや止まるところを知らない。月世界に人類は足跡を残した。遺伝子の研究は複製人間の可能性を説く。にもかかわらず地上の人類の多くが飢えにさらされている。

七百年前、何よりも政治と宗教の深いかかわりあいに最も注目され、宗教的実践に生涯をささげられた日蓮聖人を、今にして再生せしめよ。まず念仏、禅、真言よりも先に、現状の日蓮聖人の流れを汲む人たちを堕地獄《だじごく》の因と叱咤《しった》されないであろうか。

## ㊶ 極楽百年《ごくらくひやくねん》の修 行《しゆぎよう》は、穢土一日《えどいちにち》の功《こう》に及《およ》ばず。正 像《しようぞう》二千年の弘通《ぐづう》は末法《まつぽう》の一時《いちじ》に劣《おと》るか。

（報恩抄、一二四九頁）

聖徳太子《しようとくたいし》がお経の註釈書を三つ書かれています。法華経と勝 鬘 経《しようまんぎよう》と維摩経《ゆいまぎよう》です。このなかの維摩経《ゆいまぎよう》というのは、法華経と同じように鳩摩羅什《くまらじゆう》という中国西域地方亀茲国《きじこく》出身の名訳経僧が西紀四〇六年、長安で訳したものです。そして主人公はインド、リッチャヴィ族の商人「維摩居士《ゆいまこじ》」です。在家信者でありましたが、経典の中に出てくる釈迦の十大弟子よりすぐれた仏教信者だったのです。

その維摩居士《ゆいまこじ》が病気になりました。そこで釈尊はまず第一に舎利弗《しやりほつ》に見舞いに行くよう申しつけましたが、ところが智慧第一といわれた舎利弗《しゃりほっ》ですが、維摩《ゆいま》という名を聞いただけでおことわりするのです。平たく言えば、維摩居士は「にが手」です、というのです。

それには、こんな事情があったからです。ある時、静かな山林で座禅している舎利弗《しゃりほっ》のところへ維摩居士《ゆいまこじ》がたずねてきて、

「あなたは今、この静かな林の中で座禅しているが、しかし、かならずしもそういうものをほんとうの座禅とはいわないのだ」というのです。以下の問答はむつかしくなりますので要をとっていうと、現実を離れて理想はない、ということ。つまり、誘惑《ゆうわく》にみちた現実のさなかで悟ってこそほんもの、こんな現実から離れた林の中で仮に悟っても、そんなさとりは役に立たないというのです。聖徳太子はここのところを説明して「山として入るべきなく、世として避《さ》くべきなし」と註をしておられます。いわば小乗仏教と大乗仏教の大きなちがいがここにあるのです。

煩悩即菩提《ぼんのうそくぼだい》なのです。極楽《ごくらく》というのは、現実の穢土《えど》（けがれたこの世）を離れて、何の苦しみもない世界です。そんな何の苦しみもない世界でたとえ百年修行したとしても、この現実のうずまく穢土《えど》で一日修行した功徳《くどく》の方がはるかにすぐれているのです。

浄土三部経の一つ、大無量寿経《だいむりょうじゅきょう》に「心を正し意を正しくして斎戒清浄《さいかいしょうじょう》なること、一日一夜

すれば、無量寿国《むりょうじゅこく》（註、極楽のこと）に在りて善をなすこと百歳するに勝れり」とあります。宝《ほう》積経《しゃくきょう》第五十八には「もし衆生あって彼の国土（極楽のこと）に於て億百千歳もろもろの梵行《ぼんぎょう》（欲望を断ずる行）を修せんは、この娑婆《しゃば》世界において一弾指頃《だいしけい》（指をはじくほどのわずかの間）もろもろの衆生において慈悲心を起さんにしかず」とあります。
以上のことと同じように、仏のなきあと、正法千年の比較的良い時代よりも末法の謗法《ほうぼう》のものの充満する世界でこの法華経を弘通する功徳の方が遙かに大きい、というのです。

## ㉒ 正直《しょうじき》にして少欲知足《しょうよくちそく》たらん僧《そう》こそ、真実《しんじつ》の僧《そう》なるべけれ。

（曽谷殿御返事《そやどのごへんじ》、一二五四頁）

曽谷殿《そやどの》とは曽谷二郎兵衛尉教信《そやじろうひょうえのじょうのりのぶ》（入道してきょうしん）のこと。大野政清の子で、下総国《しもふさのくに》国分村曽谷に住したので曽谷氏とよぶ。日蓮聖人の従兄弟《いとこ》であった関係から　聖人の遊学中、富木、太田の両氏と共にお世話をしたということである。富木、太田氏と共に鎌倉問注所《もんちゅうしょ》に出仕していたが、文応元年（聖人三十九歳、立正安国論述作の年）以来日蓮聖人の檀越となり、弘長三年（聖人四十二歳）父の死に遇って一層信仰を深め、特に教義上の造詣《ぞうけい》が深かった。後年聖人にそむいた大進房《だいしんぼう》、英才の三位房《さんみぼう》は俗弟といわれる。その子直秀《なおひで》（入道して道崇《どうそう》）も篤く法華経を信仰した。

ここにあげたのは建治二年、聖人五十五歳の折、曽谷教信に与えられた書の一節である。冒頭「境智不二《きようちふに》」の理が説き明かされている。

認識し評価する主観的智慧（智）と、認識評価の対象として客観視した世界（境）とが不二《ふに》、不異《ふい》であるということ。言い換えると森羅万象《しんらばんしよう》の本体を境、その本体をありのままにあらわすところの智との不一、不異である。

法華経以前の諸経では境と智が各別で、智慧が対境としての理を照らし尽くしていないから成仏得道は出来ない。法華経は二乗作仏《にじようさぶつ》、久遠実成《くおんじつじよう》が説き明かされ、その智慧は余すところなく十界互具《じつかいごぐ》、一念三千《いちねんさんぜん》の理境を究め、境智和合《きようちわごう》して一如《いちによ》であるから、衆生は法華経によって一念三千の境智を実現して成仏することができる。ただし法華経は境智一如《きようちいちによ》の理法を示すのみであり、天台大師は衆生の一念を究竟《くきよう》して境智一如とする観念観法《かんねんかんぼう》を教え、日蓮聖人は直ちに境智一如の本体としての南無妙法蓮華経を顕現《けんげん》された。本書に「この境智の二法は何物ぞ、ただ南無妙法蓮華経の五字なり」と仰せられている所以《ゆえん》である。

ところが、このことに就いて総別の二義を明される。別して妙法五字を末法に弘めるのと、法華経一部を総じて正法《しょうほう》、像法《ぞうほう》の時代に弘めるのとのちがいを言う。このちがいをしっかりつかんだ師でなければ成仏はかなわないのである。

その師をいかに選ぶべきかについて、ここに掲げた一文があるのである。今の世の僧たちは仏法の道理を知らないで、高慢《こうまん》から自分の師をいやしみ、檀家にへつらい、多く利を得ようとするものが多い。正直で少欲知足《しょうよくちそく》の真の僧はきわめて稀《まれ》であるという。

法華経最後の第二十八、普賢菩薩勧発品《ふげんぼさつかんぼっぽん》の中に、普賢菩薩を讃《ほ》めて言われることばのなか、真実の修行者を説いた節に、

「この人は心意質直《しんいしちじき》にして正憶念《しょうおんねん》あり福徳力《ふくとくちから》あらん。この人は三毒《さんどく》に悩《なや》まされじ。また嫉妬《しっと》、我慢《がまん》、邪慢、増上慢《ぞうじょうまん》に悩まされじ。この人は少欲知足にしてよく普賢《ふげん》の行《ぎょう》を修せん」とある少《しょう》欲知足《よくちそく》ということについては遺教経《ゆいぎょうきょう》（仏が涅槃《ねはん》にのぞんで遺《のこ》された教）には、多欲の人は利を追い求めるために苦悩が多い。少欲の人は欲がないからこの苦悩がない。苦悩をまぬがれようと

するならばこの足《た》るを知《し》るということを知らねばならぬ。足るを知る人は地上に臥《ふ》しても安楽、たとえ貧しくとも心ゆたかであり、足るを知らぬ人を憐《あわ》れむものであると教えられている。

○

この一文、現代の世相にかえせば、まさにかくのごとし、と言うほかない。大都市の寺院のありさま、まさに利を追うに汲《きゅう》汲《きゅう》として真の宗教活動いずこにありや、と言うほかない。境内は高層なマンションと化し、わずかにその一部をもって宗教活動を行い、あるいはモータープールに化し、世俗の人と何の変るところもない。真の宗教活動が行われればこそ、境内地の免税も意義があるが、宗教の現状を見透して境内地に固定資産税が課せられたとすれば、多くの宗教法人は明日にも姿を消すの止むなきに到ること必定であろう。

## ⑥③ いのちと申《もう》す物《もの》は一切《いっさい》の財《たから》の中《なか》に第一《だいいち》の財《たから》なり。

（事理供養御書《じりくようごしょ》、一二六一頁）

白米一俵御書《はくまいいっぴょうごしょ》ともいう。昭和定本には建治二年とする。宛名は誰であったか不詳であるが、門下の人が白米一俵ほかを供養されたのに対する返書で真蹟は大石寺にある。

供養のあり方について述べられている。仏に対して身命を捧げて供養する事供養《じくよう》と、信心の志を正法に捧げる理供養《りくよう》とがある。

ここではじめに人には衣と食との二つの財《たから》があり、特に食によって命をつなぐのは、食は油のごとく、いのちは灯のようで、食つきればいのちつきる。このいのちこそ一切の財《たから》の中で第一の財《たから》である。古来命を仏に捧げて供養した雪山童子《せっせんどうじ》ほか多くの聖人、賢人の例をあげ、凡夫は一枚しかない衣類を供養するのが身命を供養すると同じである。さればまことの道は世間の法がそのまま仏法の全体と釈されていると法華経法師功徳品《ほっしくどくほん》の「もし俗間《ぞっかん》の経書《きょうしょ》、治世《ちせい》の語言《ごごん》、資《し》生《せい》の業《ぎょう》等を説かんも皆正法《しょうぼう》に順ぜん」の文をあげられている。そして以上の法華経の原理からいって、「白米は白米にあらず、すなわち命なり」と、白米供養は自分の命を供養したことになると結んでおられる。

○

「いのちと申《もう》す物は一切の財《たから》の中に第一の財なり」とは改めて申すまでもないことのようで

ある。果してそうであろうか。最近の世相をしみじみ眺める時、いかに「いのち」が粗末に扱われているか思いなかばにすぐるものがある。

一つは、何の関係もない人が無惨《むざん》に殺されるといった事件は私たちの心を寒からしめる。銀行強盗事件の人質《ひとじち》などというのもまたそうである。かけがえのない「いのち」というものに対して微塵《みじん》も配慮《はいりょ》がなされていないことに激しい憤《いきどお》りをおぼえるのである。

二つ目に私の心をいためるのは、子連れの無理心中というような事件が頻発《ひんぱつ》する。その気持も理解できないではないが、子供の人権ということが全く忘れられている。子供は仏の子なのである。あらゆる可能性を備えているかけがえのない「いのち」をいかなる理由があるにしろ奪《うば》うことは許されない。

第三に、現代社会の象徴のような交通事故である。わけて運転者の過失による事故死は何としても許されない。楽しい家庭団らんは一瞬にして父を失い、母を失い、子を失い、奈落《ならく》の底につき落されたような不幸が降ってわいてくるのである。新聞で交通事故死を見ても「またか」と平然として受けとめる我々の心の中も問われねばなるまい。

ともかく「いのち」が軽視されていることは事実である。その「いのち」は森羅万象《しんらばんしょう》と共に在る「いのち」なのである。そしてそれは仏の「いのち」につながる。草木国土悉《そうもくこくどことごと》く皆成仏《みなじょうぶつ》す――というのが仏教の根幹につながる。正しい信仰の輪をひろげることによって、真実の平和な社会を建設することこそ現代の急務ではなかろうか。

## ㊿④

聖人《しょうにん》の唱《とな》えさせ給《たも》う題目《だいもく》の功徳と、我等《われら》が唱《とな》え申《もう》す題目《だいもく》の功徳《くどく》と、何程《いかほど》の多少《たしょう》候《そうろう》べきやと云々《うんぬん》。更《さら》に勝劣《しょうれつ》あるべからず候《そうろう》。

(松野殿御返事《まつのどのごへんじ》、一二六五頁)

建治二年(聖人五十五歳、身延入山三年目)十二月九日、駿河国庵原郡《するがのくにいはらぐん》松野にあった松野六郎左衛門入道にあたえられた消息である。娘が南条兵衛七郎に嫁《とつ》いだ縁によって日蓮聖人に帰依した。上野殿母尼御前である。子供が多かったらしいが嫡子《ちゃくし》の松野六郎左衛門と六老僧の一人日持《にちじ》上人、そして上野殿母尼御前が知られている。当の入道は日蓮聖人への供養をかかさなかったことが知られている。松野一族に与えられた御書は十二通を数えるが、真蹟或いはその断簡のあるもの二、この御書も真蹟はない。

この御書は一名「十四誹謗抄《ひぼうしょう》」ともよばれ、十四謗法《ほうぼう》や涅槃経《ねはんぎょう》にある雪山童子《せっせんどうじ》ほか日蓮聖人のおしえのなかで、大切なことがいくつか述べられている。

まずその十四謗法《ほうぼう》についていては、

一、おごりたかぶって正法を聞かぬこと（憍慢《きょうまん》）、二、正法の修行を怠ること（懈怠《けたい》）、三、自分の考えで正法を曲解する（計我《けいが》）、四、浅はかな智識で正法を解釈する（浅識《せんしき》）、五、自分の意欲に執着して正法を軽んずる（著欲《じゃくよく》）、六、正法を正しく理解しないこと（不解《ふげ》）、七、正法を信じないこと（不信《ふしん》）、八、正法を信じる者を嫌いにくむ（顰蹙《ひんしゅく》）、九、正法を疑うこと（疑惑《ぎわく》）、十、正法を謗ること（誹謗《ひぼう》）、十一、根本善である正法を軽しめる（軽善《きょうぜん》）十二、根本善である正法をにくむ（憎善《ぞうぜん》）、十三、根本善である正法を嫉む《ねた》（嫉善《しつぜん》）、十四、根本善である正法を恨む（恨善《こんぜん》）の十四である。

この十四誹謗《ひぼう》は在家出家に通ずることであるから恐るべきこと、互いに十分心がけねばならぬといましめられている。

雪山童子《せっせんどうじ》の話は、涅槃経聖行品《ねはんぎょうしょうぎょうぼん》に説かれている本生譚《ほんしょうたん》（仏陀前生《ぜんしょう》の物語）で、帝釈天《たいしゃくてん》が雪山童子《せっせんどうじ》を試《ため》すために羅刹《らせつ》に姿をかえて「諸行は無常なり、是れ生滅《しょうめつ》の法なり」と説いたのに対し、雪山童子《せっせんどうじ》が自分の生命と引きかえに後半の偈「生滅《しょうめつ》、滅《めつ》しおわりて寂滅《じゃくめつ》を楽《らく》となす」を聞いた、という話である。日本の「いろは歌」のおこりとせられる。つまり前半は「色《いろ》は匂《にほ》えど散《ち》りぬるを、我《わ》が世《よ》誰《たれ》ぞ常《つね》ならむ」であり、後半の偈《げ》に相当するのが「有為《うい》の奥山《おくやま》今日《けふ》越《こ》えて、浅《あさ》き夢見《ゆめみ》じ酔《え》ひもせず」ということばである。「有為《うい》」とは「無為《むい》」に対することばで「小さな自我にとらわれた、はからいの世界」をいう。この雪山童子《せっせんどうじ》の故事にちなんで「誠に我が身貧にして布施《ふせ》すべき宝なくば、我が身命《しんみょう》を捨て仏法を得べき便あらば身命を捨てて仏法を学すべし」と教えられている。法華経勧持品の「我れ身命《しんみょう》を愛《あい》せず、ただ無上道《むじょうどう》を惜《お》しむ」、寿量品自我偈の「一心に仏を見たてまつらんと欲して自ら身命《しんみょう》を惜《お》しまず」さらに章安《しょうあん》大師涅槃経疏《ねはんぎょうじょ》の「身は軽く法は重し、身を死して法を弘めん」これらの金言のこころを心とせよとの意である。ただし在家のあなたたちは、ただ余念なく南無妙法蓮華経と唱え、僧をも供養することが肝心であると仰せられている。

○

さてここに掲げた一文は、

「法華経を持《たも》つようになってこのかた、方便品と自我偈を読み、題目を唱えております。そこで思うのですが、聖人のお唱えになる題目の功徳《くどく》と、私たちの唱える題目の功徳《くどく》のちがいを教えていただきとうございます」という質問に対して、ずばり「勝劣《しょうれつ》あるべからず」全く差はない、とお答えになっている。その理由としては、この文につづいて、

「愚かなものの持つ金《かね》と、智慧ある者の持つ金《かね》と区別がないように、また愚者のたく火も、智慧ある者のたく火も、全くかわりないのと同じである」と答えられ「ただし法華経の心にそむいて唱える題目は問題外である」と。

ところが、この御書のなかに、日蓮聖人が一切経閲覧のため富士岩本実相寺《じっそうじ》に入蔵された時、日蓮聖人の弟子となった日源《にちげん》(一説に松野氏の親戚と)は、その後日蓮聖人に帰伏したため所領をうばわれ弟子信徒に追われたが、不惜身命《ふしゃくしんみょう》の信仰をつづけていることを賞讃になった一節に、来世の僧尼の姿を述べられた一節がある。

「末世の僧尼は名誉や利欲を追い求め、袈裟《けさ》、衣《ころも》を着ているから形は僧、僧尼のようだけれど、内心は邪見で、信者を奪《うば》いあい、ざん言したりする様子は、ちょうどさきに人の家へ行って食物

を貰った犬が、後から来た犬といがみ合うようなものだ」と「狗犬《くけん》の僧尼《そうに》は恒沙《ごうじゃ》の如《ごと》し」という経文を釈しておられる。今の世の僧、僧尼もそんな姿の人が多いのではなかろうか。

## ⑥⑤ 分別功徳品《ふんべつくどくほん》の四信《ししん》と五品《ごほん》とは、法華《ほっけ》を修行《しゅぎょう》する大要《たいよう》、在世滅後《ざいせめつご》の亀鏡《ききょう》なり。

（四信五品鈔《ししんごほんしょう》、一二九五頁）

四信五品鈔は建治三年（聖人五十六歳、身延山四年目）富木常忍《ときじょうにん》が行者の用心を問われたのに答えられたものである。真蹟が中山法華経寺にある。遺文中重要な一篇であり、綱要删略《こうようさつりゃく》には「吾宗修行の用心万年不改《ふがい》の規則実に此篇に在り、暁《あきら》めずんばあるべからず、守らずんばあるべからず」と。

さてこの一篇には重要ないくつかの教えが説かれているが、この御書の核心とも言える四信五品について述べよう。

在世の四信《ししん》と滅後の五品《ごほん》という――いずれも如来寿量品の仏寿長遠《ぶつじゅじょうおん》の教説を聞いて得るところの、四信とは階位、五品とはその功徳である。

まず在世の四信とは、

一、「一念信解《いちねんしんげ》」法華経寿量品の教を聞いてほんのわずかでも信心の心を起こす。

二、「略解言趣《りゃくげごんしゅ》」説かれた経のこころをほぼ理解する。

三、「広為他説《こういたせつ》」自ら深く理解して進んで広く他のために法を説く。

四、「深信観成《じんしんかんじょう》」深い信心に達し真理を観じ体得する。

これに対して滅後の五品とは、

一、「随喜品《ずいきほん》」寿量品の仏寿長遠《ぶつじゅじょうおん》なるを聞いて喜びの心をおこす。

二、「読誦品《どくじゅほん》」さらに法華経を読誦《どくじゅ》し受持してその経意を理解する。

三、「説法品《せっぽうほん》」さらに法華経を自ら受持し、その理解を他人のために説法する。

四、「兼行六度品《けんぎょうろくどほん》」その理解を実践に移し、自他ともに救う六波羅蜜《ろくはらみつ》(布施《ふせ》、持戒《じかい》、忍辱《にんにく》、精進《しょうじん》、禅定《ぜんじょう》、智慧《ちえ》)を行ずる。

五、「正行六度品《しょうぎょうろくどほん》」自他ともに救う六波羅蜜《ろくはらみつ》を専心行じ寿量品の深意を体験し、実現する。

四信と五品は、在世と滅後のちがいはあるが、法華経の行者の位階であることに変りなく、五品の一、二、が四信の一に相当し、以下五品の三、四、五と四信が相応する。

この中で日蓮聖人は四信の第一、「一念信解《いちねんしんげ》」と、五品の第一、「初随喜品《しょずいきほん》」を重視し、これをもって末法の正意とされた。

分別功徳品には、

「それ衆生あって仏の寿命長遠《じょうおん》（寿量品の内容）かくの如くなるを聞いて乃至《ないし》能《よ》く一念《いちねん》の信《しん》解《げ》を生ぜば所得《しょとく》の功徳《くどく》限量《げんりょう》あることなけん（功徳は、はかり知れない）」とある。いわゆる「一《いち》念信解《ねんしんげ》」である。ところがここに「一念信解」とあるが、第二が「略解言趣」であって、実は「一念信解」の「解」はむしろ第二の「略解言趣」の「解」である。つまり第一は「一念信」なのである。

次に五品の「初随喜品」については、

「またまた如来の滅後に、もしこの経を聞いて毀呰《きし》せずして随喜《ずいき》の心を起さん」とある。このほんの少しのありがたいという心を、五十展転随喜《てんでんずいき》の法という。

初めて説教を聞いてありがたいと思って次の人に伝える、聞いた人がまたありがたいと思ってさらに次の人に伝える。このように次々と伝えていって五十人目の人、いわばその感激もすっかりうすれてしまった人から聞いてほんのちょっぴり随喜した人。この五十人目の人のよろこび、これを五十展転随喜《てんでんずいき》の法という。その五十人目の人のほんのちょっぴり感激した人の功徳《くどく》は、四百万億阿僧祇《あそぎ》というからまず想像もつかぬぼう大な数の人たちがいだいている物質上の欲望を八十年間すべて満足する、その功徳も、さきの五十人目の人の功徳とくらべれば百千万億分の一にも及ばないというのである。

つまり、わかりやすく言うなら

「無学文盲の人がただ一念ありがたいと思う心がこの一念信解、初随喜であり、それが末法の法華経の行者の修行の肝心である」ということなのである。

**㊻ 賢人《けんじん》は八風《はっぷう》と申《もう》して八《やっ》つの風《かぜ》におかされぬを賢人《けんじん》と申《もう》すなり。**

（四条金吾殿御返事《しじょうきんごどのごへんじ》、一一三〇二頁）

本書撰述の年代については若干異説もあるが昭和定本は建治三年（聖人五十六歳、身延入山四年目）とする。高祖遺文録等は同年四月十二日とする。この年六月九日竜象坊《りゅうぞうぼう》と三位房《さんみぼう》の桑谷問答《くわがやつもんどう》があり、同二十五日頼基陳状《よりもとちんじょう》を書かれている。（第六十三話参照）真蹟はかつて身延にあった。

主人の恩命と称してその実減俸となる領地替《が》えに、四条金吾は日蓮聖人の指示にしたがって受諾《じゅだく》しなかった。ところが、今度は主君の恩命に従わぬ我儘《わがまま》な家臣は領地を没収せよと言うものあり、四条金吾は窮地に陥り、これを日蓮聖人に報告すると共に、訴訟《そしょう》の意向《いこう》をもらしたので、日蓮聖人が訴訟《そしょう》の不可を教え、訴訟《そしょう》しなければ諸天の加護を祈ろうと申し送られている。諸天の加護を祈るにしても、もちろん真言等の邪法をもってすれば、かえって身を亡ぼすばかり、正法法華経によらねばならぬと教えられている。

そのなかで四条金吾には親子二代にわたって恩恵をこうむっているのであり、文永八年佐渡流罪の時、日蓮門下の多くの人が主君から領地を召上げられるようなことがあったのに、あなたの主君は何のお咎《とが》めもなかった。この格別の恩誼《おんぎ》を感謝せねばならぬ。その恩誼《おんぎ》になれて領地替《が》えを嫌うのは心得ちがいとさとされている。

訴訟《そしょう》についても「訴訟《そしょう》を申せども叶《かな》いぬべき事もあり。申さぬに叶《かな》うべきを、申せば叶《かな》わぬ事も候」とて訴訟《そしょう》しないようさとされ、真言の邪法による祈禱は験《しるし》なきのみならず、身を滅ぼす結果となった例をあげ、正法法華経に依らねばかなわぬことを教えられている。

○

そのなかで「八風《はっぷう》吹けど動かず」。八つの風におかされてはならない、といましめられている。仏地経論《ぶっちきょうろん》巻五に「此の八法は世間の愛する所、憎む所にして、能く人を煽動《せんどう》するが故に之を名けて風となす。いやしくも心に主あって正法に安住し愛憎のために惑乱《わくらん》せられざれば、即ち八風も動かす能《あた》わざるなり」とある。

八風とは利《り》、誉《よ》、称《しょう》、楽《らく》のいわゆる愛する所と、衰《すい》、毀《き》、譏《き》、苦《く》のいわゆる憎む所の両面あわせて八つをいう。

利《り》とは利得、誉《よ》はかげでほめる、称《しょう》は面前でほめる、楽《らく》はたのしみ。それに対して衰《すい》は損失、毀《き》はかげでそしる、譏《き》は面前でそしる、苦《く》は苦しみである。

我々人間の日常生活をふりかえってみると、この利《り》、誉《よ》、称《しょう》、楽《らく》を追い求め、衰《すい》、毀《き》、譏《き》、苦《く》の四つを何とか避けようと、この八つの風に吹きまくられて生きているようなものである。仏地経論五に「世間の八法（八風のこと）は一切処において同一味なり、即ち之を説いて平等法性と名く」とある。

ほめられようが、そしられようが、それは一つのことに対する相手の相対的な評価でしかない。大乗無生方便門《だいじょうむしょうほうべんもん》に「身体及び手足、寂然《じゃくねん》とし安《いず》くんぞ動ぜざらん。八風吹けど動かず」とある。古い仏教経典の一つ法句経《ほっくぎょう》に「ただ謗《そし》られるだけの人、あるいはただ賞《ほ》められるだけの人は、過去にもなかったし、未来にもないだろう、現在にもまたない」（二二八節）とある。毀誉褒貶《きよほうへん》に動かされることなく「正法に安住せよ」との教訓である。

## ⑰ 南無《なむ》妙法蓮華経《みょうほうれんげきょう》とばかり唱《とな》えて仏《ほとけ》になるべきこと、もっとも大切《たいせつ》なり。

（日女御前御返事《にちにょごぜんごへんじ》、一三七六頁）

日女御前《にちにょごぜん》とは、すでに兄弟鈔《きょうだいしょう》（第三十七話）に述べた池上宗仲《いけがみむねなか》の妻である。その日女御前に日蓮聖人が御本尊を授与されたのに対し、供養のために銭《ぜに》五貫文ほかを送られたのによせて本尊の意義を述べ、また「信」の重要性を説かれている。真蹟は不詳だが、古来真書とされている。

本尊は仏滅後二千二百余年未曾有《みぞう》の大曼荼羅《まんだら》であり、多宝塔《たほうとう》中の釈尊、分身《ふんじん》の諸仏の制定されたもっとも正しい本尊である。この正確無比であること、版木《はんぎ》に摺《す》れるものを版木で摺ったように（すりかたぎ・摺形木）毫《ごう》も違うことのないものである。諸仏、諸尊を始め十界のすべてのものが本仏の証得《しょうとく》された妙法五字の光明に照らされ、ものそのものの本来の姿を現わしている。この未曾有《みぞう》の本尊を供養する女人は御本尊が前後左右を取り囲んでお守り下さるのである。そしてその本尊を他所に求めてはならぬ。「我等衆生の法華経を持ちて南無妙法蓮華経と唱える胸中の肉団《にくだん》におわします」この法華経を持って南無妙法蓮華経と唱える衆生の肉身《にくしん》のなかにあると仰せられているのである。

ただ以上の意義ある本尊も「信心」という二字に収《おさ》まるのである。信ということについては仏教ばかりでなく中国の儒教でもこれを最も重視する。まごころこめて妙法五字の題目を唱える、ということにすべては尽《つ》きる。そしてそこに成仏の道があると教えさとされている。

南無妙法蓮華経とばかり唱えるとは、「正直に方便を捨てて、余経《よきょう》の一偈《いちげ》をも受けざれ」ということである。「悪知識《あくちしき》を捨《す》て善友《ぜんゆう》に親近《しんごん》せよ」とも教えられている。ただお題目一すじの信仰を貫けということである。

信仰の純粋性ということは容易なことではない。法華経宝塔品《ほんとうほん》には六難九易《ろくなんくい》が説かれている。それ枯草を負って大火の中に入っても焼けない、ということはあたかも不可能に近いことだが、それも易《やさ》しいことである。末法の悪世に法華経を説くことはそれよりもさらに難しいことだというのである。足の指でこの大千世界を動かし遠く他国へ投げることはやさしいことだが、仏の滅後にこの法華経を受持《じゅじ》することは、それよりさらに難しいという。

法華経如来寿量品《にょらいじゅりょうほん》の偈に「質直《しちじき》にして意《こころ》柔《にゅう》輭《なん》に」とある。「柔和質直《にゅうわしちじき》なるもの」とある。「すなおな心の持主であれ」と教えられているのである。キリスト教の聖書には「よく聞きなさい。心をいれかえて幼な子のようにならなければ天国にはいることはできないであろう」（マタイ伝第十八章）と教えられている。だがその「すなおな心の持主」になって至心にお題目を唱えるということは容易なことではできない。

## ㊸ 仏法《ぶっぽう》と申《もう》すは道理《どうり》なり。道理《どうり》と申《もう》すは主《しゅ》に勝物《かつもの》なり。

（四条金吾殿御返事、一三八四頁）

四条金吾頼基《しじょうきんごよりもと》が竜口法難に際し「法華経の御故《おんゆえ》に日蓮とおなじく腹切《はらき》らん」と殉死の覚悟を示したことは広く知られているところ、日蓮聖人も後にしばしばこのことにふれて感激しておられる。佐渡流罪中は自身も海をわたり、また使者をたびたび遣《つかわ》して供養《くよう》の品を送り、つねに生活のすべてにわたって日蓮聖人の指示を仰ぎ、これに従った。

建治三年（聖人五十六歳、身延入山四年目）六月二十五日日蓮聖人の弟子三位房日行《さんみぼうにちぎょう》と、極楽《ごくらく》寺良観《じりょうかん》の庇護《ひご》をうけた天台僧で名僧の評判の高かった竜象房《りゅうぞうぼう》とが鎌倉桑谷《くわがやつ》で問答、竜象房はさんざんに破折《はしゃく》された。四条金吾頼基はその席に同席しただけだったが、竜象房たちは四条金吾の主君である江間氏に四条金吾が狼藉《ろうぜき》を働いて法座を乱したとざん言したため、江間氏は激怒して書をくだして詰問《きつもん》し、四条金吾に法華経の信仰をすてる起請文《きしょうもん》を書けとせまった。それに対して四条金吾は所領を没収されても起請文は書かぬと決心し、日蓮聖人に報告、日蓮聖人が四条金吾にかわってその無実であることを訴えられたのが有名な「頼基陳状《よりもとちんじょう》」（一三四六頁以下）である。

同じ年の七月「不可惜所領事《ふかしやくしょりょうのこと》」ともよばれる四条金吾あてのお手紙に、陳状書《ちんじょうしょ》の提出についてのこまかい注意を与えられている。

さらにその翌八月に四条金吾に与えられたお手紙の一節がここにあげた文であるが、ここでは四条金吾は日蓮聖人の指導に従い、陳状を留保し、主君の江間氏は法華経を捨てる起請文《きしょうもん》だけで穏便《おんびん》に事件をおさめようとしたが、四条金吾は断固《だんこ》として拒否《きょひ》、これを日蓮聖人に報告した時の返事である。

ここで日蓮聖人は仏法は勝負であるとし、日本、中国への仏法流伝《るでん》の歴史をひもとき、日本における神と仏の対立、中国における儒教《じゅきょう》・道教《どうきょう》と仏教の対立、そして今日本の鎌倉では釈迦如来と阿弥陀如来の対立であるとし、正法に背くものには必ず厳罰があると確信を述べ、さらに四条金吾の日常生活についてのこまかい注意を与えられている。

読みすすむうちに、仏教が欽明天皇の時、百済の聖明王から伝えられてからの経緯は、日本書紀の記述を忠実に追うておられるのを痛感させられた。

このお手紙のはじめに、

「御文あらあらうけ給わりて、長き夜の明け、遠き道をかえりたるがごとし」

つまり、御遣《つか》わしの文書概略承知いたしました。長き夜が漸く明け、遠い道を漸く帰りついた思いがいたします、と四条金吾と主君江間氏との関係にようやくある見透《みとお》しのついてきたことを匂《にお》わせていられる。

また終りに近く、こまごました日常生活での心得を述べられる一節に、四条金吾のことを「その故は法華経の命を継《つ》ぐ人なればと思うなり」と、四条金吾への大きな期待を述べておられる。

最後に、ここにあげた一文は、さきにも言ったように「仏教は勝負である」という立場から仏法は道理を説くものである。そしてその道理の前には主人も屈するほかない。道理をもってすれば主人にも勝つことが出来るのである、と起請文《きしょうもん》を拒否《きょひ》しつづける四条金吾を励ましておられるのである。

## ⑲ 人身《にんしん》は受《う》けがたし爪《つめ》の上《うえ》の土《つち》。人身《にんしん》は持《たも》ちがたし草《くさ》の上《うえ》の露《つゆ》。

（崇峻天皇御書、一三九五頁）

前話につづいて約一か月後の九月十一日同じく四条金吾に与えられた御書である。真蹟の一部は曽つて身延にあった。

四条金吾の主君江間氏が病気にかかり、医術をよくする四条金吾が看病にあたるようになったことは十羅刹女《じゅうらせつにょ》のたすけであろうと述べられている。また主君は法華経を信仰してはおられないが、家臣の四条金吾の法華経信仰の余慶《よけい》をうけてその功徳《くどく》に預《あず》かられるだろうとも記しておられる。

わけてどうやら怒りっぽい性格であった四条金吾に対してこまごまとした日常の注意をお与えになっているのを読みながら、日蓮聖人の四条金吾に対する想いの並々ならぬものであったことが知られる。

例えば、「殿の御身も危なく思いまいらせ候ぞ」とあって、こんな時は一人でも味方を多く持つべきで、わけて殿の弟は肉親のこと故、どんな科《とが》があっても、寛大な扱いをして遠ざけぬようにせよ、とある。また「殿は一定腹あしき相《そう》、顔にあらわれたり」つまり怒りっぽい性格が顔にあらわれている。怒りっぽい性格の人は天もお守りにならないということをよく知っておくように、とある。

主君の御病気の診察をしていることについて、家柄のある子息や、権門の女性から御病気はいかがですかと問われたら、たとえどんな人にも謙虚《けんきょ》な態度《たいど》で、私の力の及ぶことではないと再三御辞退申上げましたが、たってとのことで御診察申上げておりますと諂《へつら》わず屈《くっ》せず申上げなさい、また着るものも決して派手なものを着ないように、と。なおまだ多くのこうしたこまごました注意を与えられている。

また一方で竜口法難の時の四条金吾が法華経のために日蓮聖人に殉死《じゅんし》しようとしたことを回顧され、たとえ四条金吾の罪重くして地獄におちるようなことがあったら、釈迦仏がどれほど日蓮を引きとめられようとも、同じく地獄へまいるであろうと述べておられる。このことに因《ちな》んでこの御書には「同地獄抄《どうじごくしょう》」の異名もある。

そして世間の過しがたいことを嘆いて人に聞かせてはならぬ、という注意の一節にここに掲げた一文がある。爪上の土ということについては、日蓮聖人は守護国家論《しゅごこっかろん》に涅槃経迦葉品《ねはんぎょうかしょうぼん》の文を具にあげて説明しておられる。人の身に生まれることの難しいことを仏教では、いろいろに説かれている。今ここにかく人の身として生きていることの意義に深く想いを至すことである。しかも人の身のはかなさ、無常ということは釈尊以来の仏教の根本でもある。かりにこの無常な人の世で百二十まで生きたとしても真に生き甲斐のある人生でなかったら、一日生きて名をあげることの方が大切である、と教えられている。古い仏教経典の一つである法句経《ほっくぎょう》第一一二節に「人がもし百年生き永らえたとしても、怠惰《たいだ》であって努力しなければ、懸命《けんめい》に努力する人が、一日生きた方が勝《すぐ》れている」という聖句が思い出される。

## ⑳ 蔵《くら》の財《たから》よりも身《み》の財《たから》すぐれたり。身《み》の財《たから》よりも心《こころ》の財第一《たからだいいち》なり。

（崇峻天皇御書、一三九五頁）

「四条金吾という人は主君江間氏のためにも、仏法の御ためにも、一般の世間に対する心根もすべてにわたってよい人であったと、鎌倉の人人の口口に讃《ほ》められ給うことを希望する」と仰っしゃって、ここに掲げた教訓を垂れたもうた。そして「秘蔵《ひぞう》の物語あり、書いてまいらせん」つまり、とっておきの話があるとて崇峻天皇《すしゅんてんのう》のことを述べられている。これに因《ちな》んで、この四条金吾に与えられた御書を古来「崇峻天皇御書《すしゅんてんのうごしょ》」とよびならわしてきたのである。崇峻天皇が聖徳太子を召して天皇の「人相《にんそう》」を見よ、と仰せられた。太子は固《かた》く辞退《じたい》されたが天皇の御命令であるので天皇の「人相」をごらんになったところ、御眼に赤い筋が通っており、人に殺される相があると答えられた。そこでそれを免《まぬが》れる道として忍波羅蜜《にんはらみつ》、忍辱《にんにく》ということをお守り下さい、と仰せられた。

暫らくはこの忍波羅蜜《にんはらみつ》を持《たも》っておられたが、気の短かい方で、こらえ切れなくなり、猪《いのしし》の子を献じたものがあった時、猪の眼を短刀で突きさし「何日《いつのひ》か憎《にく》い奴《やつ》をこのようにしてやろう」と仰っしゃった。これを聞いた蘇我馬子《そがのうまこ》が東漢直駒《やまとのあやのあたいのこま》をつかわして天皇を殺害するに及んだのである、と。

崇峻天皇の故事を説いて、四条金吾に苦難迫害に耐え忍ぶよう訓戒されたのである。それを心の財第一なりという戒めの例とされている。

○

ふりかえって現代の世相を思う時、この蔵《くら》の宝、物質的欲求を追い求めること、現代ほど急なるはない。終戦直後のことがしみじみと思い出される。年老いた父、闇物資に無縁の寺の生活、フスマの入った茶色っぽいメリケン粉の団子汁《だんごじる》の毎日だった。一回でいいから白い御飯を遠慮なく食べてみたい、というのが真剣な願いだった。それにひきかえてこのごろの日本の生活は、まさに夢のようである。いわば使い捨ての時代である。勿体《もったい》ない、などという言葉は、はやらない。エコノミックアニマルと呼ばれる日本人である。でもほんとうに幸せであろうか。

それに比べて身の宝、才能伎芸《さいのうぎげい》は幸せを約束してくれる。とは言え、この身の宝も、病気になり、老境ともなれば果してどうであろう。

真の幸せは、まことに心の宝である。正しい信仰によって、真に生甲斐《いきがい》のある人生を生きることと、これをおいて外にあるまい。

⑺ 南無妙法蓮華経《なむみょうほうれんげきょう》と申《もう》すは一代《いちだい》の肝心《かんじん》たるのみならず、法華経《ほけきょう》の心《こころ》なり、体《たい》なり、所詮《しょせん》なり。

（曽谷入道殿御返事《そやにゅうどうどのごへんじ》、一四〇九頁）

建治三年（聖人五十六歳、身延入山四年目、さきの四条金吾《しじょうきんご》のために頼基陳状《よりもとちんじょう》を書かれた年でもある）十一月二十八日、曽谷入道教信《そやにゅうどうのりのぶ》が書写せる細字法華経《さいじほけきょう》の開眼供養《かいげんくよう》に、種々の布施《ふせ》供養《よう》を捧げたのにこたえて書かれた御書である。曽谷教信《そやのりのぶ》については第六十二話にいささかふれたのでここには略する。

与えられた御書の内容を拝する時、その与えられた人がどのような人であったかの一端を推察することが出来るが、この御書の内容を拝する時、曽谷教信《そやのりのぶ》なる人が、かなり深い教義的理解をもっていたことが知られる。

南無妙法蓮華経が一代の肝心《かんじん》であり、法華経の心であり、体であり、所詮《しょせん》（究極の真理）である、ということについては、観心本尊抄に於いて「この本門の肝心南無妙法蓮華経の五字」（七一二頁）と明示されている。

天台大師は「法経玄義《ほっけげんぎ》」において、妙法蓮華経の五字を釈するのに、五重《ごじゅう》の玄義《げんぎ》、つまり名《みょう》、体《たい》、宗《しゅう》、用《ゆう》、教《きょう》をもって縦横無尽《じゅうおうむじん》に解釈し深遠にして広博な仏教概論を展開せられた。

日蓮聖人は開目抄に

「ただ天台の一念三千こそ仏になるべき道とみゆれ。この一念三千も我等一分の慧解《えげ》もなし。

（略）諸経は智者なお仏にならず。この経は愚人も仏因を種《う》うべし」（六〇四頁）と、天台を高く称揚されたが、この一念三千も法華経寿量品に於いてはじめて真実究竟《くきょう》することは、天台大師も末法に譲られて述べられなかった。

この本門の一念三千こそ本門の肝心であり、釈尊内証《ないしょう》の寿量品《じゅりょうほん》である。内証の寿量品は、南無妙法蓮華経の五字を所詮《しょせん》とする。

ここに南無妙法蓮華経は一代の肝心、法華経の心であり、体であり、所詮であるといわれるのである。

日蓮聖人は日本、中国の歴史について該博な知識をもっておられ、しばしば法義を述べる時に例として引用せられている。この御書でも秦《しん》の始皇帝《しこうてい》に仕えた宦官《かんがん》の趙高《ちょうこう》の話がでてくる。司《し》馬遷《ばけん》の史記《しき》によるところのものであろう。最近ベストセラーの一つ、司馬遼太郎の『項羽《こうう》と劉邦《りゅうほう》』の中で詳細に述べられている。

秦の始皇帝が病死すると、長女扶蘇《ふそ》及び将軍蒙恬《もうてん》を自殺させ、末子胡亥《こがい》を擁立《ようりつ》して二世皇帝とした。かくして二世皇帝をあやつり、二世皇帝にすすめて大臣李斯《りし》を殺させ、宮中の権をすべて自己の手におさめたが、天下の群雄がたちあがり秦の形勢が危うくなると、二世皇帝を謀殺して、かわって子嬰《しえい》を迎立したが、大勢すでに非にして、子嬰《しえい》は趙高《ちょうこう》を刺殺したが、のち劉邦《りゅうほう》（漢の高祖）の軍に下った。

趙高《ちょうこう》が二世皇帝胡亥《こがい》を侮蔑《ぶべつ》し遂に之を謀殺《ぼうさつ》、さらに子嬰《しえい》を謀《はか》らんとして逆に刺殺《しさつ》されて身を亡ぼした。今の世の諸経を所依《しょえ》とする学者を趙高《ちょうこう》にみたて、法華経の行者を二世皇帝、子嬰にみたて所論をすすめられているのである。

⑫ 法門《ほうもん》のことは佐渡《さど》の国《くに》に流《なが》され候《そうらい》し以前《いぜん》の法門《ほうもん》は、ただ仏《ほとけ》の爾前《にぜん》の経《きょう》とおぼしめせ。

（三沢鈔《みさわしょう》、一四四六頁）

真蹟は京都妙覚寺《みょうかくじ》にある。本文には二月二十三日とのみあるが、定本遺文は建治四年（同二月二十九日改元、弘安元年、聖人五十七歳）とする。三沢氏《みさわし》に宛《あ》てられた唯一の御消息で三沢氏は淡路《あわじ》の人。駿河富士郡大鹿村《するがふじぐんおおしかむら》に移る。本書の本文によっても、所領を持った武士であることが知られる。本文中に「あなた方は日蓮ほど仏法を御存知がない。また在家の身で、所領もあり、妻子もあり、家来もあることだから不惜身命《ふしゃくしんみょう》の信心を貫き通すことは到底かなわぬことであろう。ただ表面は法華経の信者でないよう装《よそお》うておられるがよい、とかねがね申しておいたことである。」とあり、一方で「たとえ法華経を捨てられようとも、かつて一日片時《かたとき》でも、この日蓮の身命を助けて下さった方だから、どうして他人と思うことができよう。（略）私が仏になるならばあなたを導こうと約束したことである」とも仰せられている。

これらを思いあわせると、三沢《みさわ》氏《し》は同じ日蓮聖人の導《みちび》きをうけた人でも、四条金吾などのように終始信仰を貫き通した人ではないようである。また一昨年《おととし》お目にかかったあと、風のたよりに御病気と聞いてお見舞いをとは思ったが弟子たちが却《かえ》って上《かみ》の疑いを招くであろうといったので止めてしまったこともある。

ところがこの御書の一つの大きな特色は、ここにあげた一文である。つまり佐前《さぜん》、佐後《さご》の区分、佐前（佐渡以前）を法華八年以前の四十余年未顕真実《みけんしんじつ》といわれた釈尊の「爾前経《にぜんぎょう》」と考えよ、と明示されていることである。これに相当する内容は開目抄等にも述べられているが、明らかに佐前、佐後、そして爾前経と考えよとは明示されていない。

何故ここに佐前、佐後と日蓮聖人が自ら区別を明示されたのであろうか。古来佐前は浅き念仏

・禅の破折《はしやく》であったのを、佐後には深き真言、天台の破折に重点を置かれたことに由来するともいわれるが、これはあくまでも観心本尊抄にはじまる三大秘法の開顕《かいけん》に由来するものと考えられる。

なお本書に三沢氏に託して小袖《こそで》を贈られた尼御前《あまごぜん》が氏神への参詣のついでに身延にまいられたというので対面しなかった。仏は主君で神は家来である。これは世間の道にも背くこと、ものごとのすじ道を正そうと面会しなかった、と聖人の厳然とした態度をお示しになっている。

㊸ 聴聞《ちようもん》する時《とき》は燃《も》え立《た》つばかり思《おも》えども、遠《とお》ざかりぬれば捨《す》つる心《こころ》あり。

（上野殿《うえのどの》御返事《ごへんじ》、一四五一頁）

現在の静岡県富士宮市上野におられた南条七郎次郎時光についてはすでにふれた。その上野殿が「やつがしら（芋）、串柿《くしがき》、保存食糧の焼米《やきごめ》、栗《くり》、筍《たけのこ》、酢《す》」を送られたお礼状である。前にもふれたが、上野殿は身延との距離も近く、折々の季節の畑作物を頻繁に送っておられる。

阿育王《あいくおう》（アショカ王）のことが述べられている。「始めは悪王なりしかども、後には仏法に帰し」とある。アショカ王はインドを統一した最初の大王である。在位は紀元前二六八―前二三二で、即位九年にベンガル湾にのぞむカリンガ地方を征服し、十万人を殺し、十五万人を捕虜にしたという。この惨状を見て王は反省、仏教を厚く信仰するようになった。仏教の精神にもとづいて、戦争の放棄、平和主義の政治、福祉政策、平和な外交を行ない、宗教に普遍的な「法（ダルマ）」による政治を行い、これを石柱や磨崖《まがい》に刻んで国民を教化した。

その阿育王は過去徳勝童子《とくしょうどうじ》、無勝童子《むしょうどうじ》として砂にたわむれていたが、釈迦の乞食《こつじき》にあい土の餅を供養した勝縁で大王に生れた。土の餅を仏に供養して大王と生れたのであるが、あなたのように種々の果物《くだもの》（なりもの）を法華経に供養されたのだから、釈迦、多宝、十羅刹女《じゅうらせつにょ》がどうしてお守りにならないことがあろう、と供養を感謝すると共に讃《ほ》めたたえておられる。

そして「火の信心」と「水の信心」ということをあげ、いついつまでも変らぬ「水の信心」でなければならない。パッと燃えて、パッと消える「火の信心」であってはならぬ、といましめられている。

私が大阪の市内の寺院の住職として、多くの信者さんたちを見ていると、次のように思うのである。

第一は、全く習慣的儀礼としての信心である。御不幸があった。寺にたのむ。四十九日や一周忌、三回忌の法事を型のごとく営む。が、しかしそれだけのことである。信仰などということと、私の人生とは、もはや無縁なのではなかろうか

第二に、全く祖先崇拝である。両親を始めとする祖先の慰霊行事である。そこには法経華や日蓮聖人は、単なる方便にすぎないのである。祖先崇拝が悪いというのではない。真に祖霊をなぐさめるためには、ほんとうの法華経に対する信仰を持って始めて可能なことなのである。

第三には、法華経や日蓮聖人に対する信心はあるのだが、極めて微温的なのである。真に自己の信心の問題として、さらには人生の問題として真剣な取り組みはみられない。日蓮聖人の言われる「火の信心」とでも言おうか。寺にも参れば説教も聞かれるが、平素の生活では、信仰は忘れられたようなものである。

第四は、ここに言われる「水の信心」、不断に日常生活を通じて、深い信仰を持つことであるが、残念ながらそんな人は片手の指で数えるほど、まことに寥々《りょうりょう》たるものである。

## ⑺ 御宮仕《おんみやづか》えを法華経《ほけきょう》と思《おぼ》しめせ。一切世間治生産業《いっさいせけんちせいさんぎょう》は皆実相《みなじつそう》と相違背《あいいはい》せずとはこれなり。

（檀越某御返事《だんのつぼうごへんじ》、一四九三頁）

本書の年次には古来異説もあって文永九年とするものもあるが、山川智応氏等の考証もあり、定本遺文も弘安元年となっている。御真蹟が中山法華経寺にあるが、もと四紙であったものが古くから第二紙を欠いている。また「檀越某」となっているが、四条金吾氏に宛てられたとする説も有力である。

この御書の前半で、日蓮聖人を再び流罪にしようという風聞を聞かれて、このまま長らえて老病に死するよりも、雪山童子《せっせんどうじ》や不軽菩薩《ふきょうぼさつ》のあとをついで法華経にいのちを捧げることこそ喜びであると述懐。さりとてまた天照大神、八幡大菩薩をはじめとする諸天善神がいかに仏前の誓《ちか》いである法華経の行者を守護せらるるか、それがみたいものであると述べられている。

そして後半、もしこの御書が四条金吾に与えられたものとするなら、おそらくは出家遁世《しゅっけとんせ》しようという申出を抑《おさ》えて、御宮仕《おんみやづか》えこそが法華経であると、宗教生活と社会生活の一致をお説きになっている。

「一切の治生産業《ちせいさんぎょう》は皆実相《みなじっそう》と相違背《あいいはい》せず」とは、法華経法師功徳品《ほっしくどくほん》の「諸《もろもろ》の所説の法、その義趣《ぎしゅ》に随って、皆実相《みなじっそう》と相違背《あいいはい》せず、もし俗間の経書、治世の語言《ごごん》、資生《しせい》の業《ぎょう》を説かんも皆正法《しょうぼう》に順ぜん」という文によっておられる。

第五十九話に、維摩経《ゆいまぎょう》の話によせて、聖徳太子の「山として入るべきなく、世として避くべきなし」という注釈をあげて大乗仏教の精神が、ある意味に於いて積極的な現実肯定にあることを述べた。

法華経如来神力品《にょらいじんりきほん》第二十一に、

「もしは経巻所住《きょうがんしょじゅう》のところ、もしは園《その》の中においても、もしは林《はやし》の中においても、もしは樹《き》の下《もと》においても、もしは僧房《そうぼう》においても、もしは白衣《びゃくえ》の舎《いえ》にても、もしは殿堂《でんどう》においても、もしは山谷曠野《せんごくこうや》にても、この中に皆塔をたてて供養すべし。所以《ゆえ》は何《いか》ん。当《まさ》に知るべし。この処《ところ》は即《すなわ》ちこれ道場なり。諸仏ここにおいて阿耨多羅三藐三菩提《あのくたらさんみゃくさんぼだい》を得、諸仏ここにおいて法輪《ほうりん》を転じ、諸仏ここにおいて般涅槃《はつねはん》したもう」とある。いわゆる「即是道場《そくぜどうじょう》」の思想である。

いわば農民が鍬を持つ畑が、職人がハンマーをふるう工場が、ペンを執る事務所が、主婦が炊事洗濯にあけくれる家庭が、そのまま道場であるということである。出家遁世《しゅっけとんせ》しなければ法華経の修行が不可能だというのではない。だから武士が武士として主君に仕えるところ、そこに武士としての真の人生があると教えられているのである。

日蓮聖人とほぼ同時代に生きた鎌倉の人で無住一円《むじゅういちえん》という臨済宗の僧がある。沙石集《しゃせきしゅう》という著書でひろく知られた人だが、そのなかに「遁世《とんせ》」ということには三重の段階があり、第三重に入ってはじめて「捨テタル人」といえるという。第一重の「世ヲ捨ツル」はたやすい。これはおのずから貧乏になって社会的に相手にされない人間のことで、こういうものでも「捨テタルカタチ」は同じことだ。第二重の「身ヲ捨ツ」とは、みずから決心して身を捨てた人間で、貧乏姿になって飢えや寒さを堪《た》えぬくのは、それだけの器量あるものの「捨テヌル姿」である。しかしこれではまだ十分でないので、第三重の「心ヲ捨ツ」でなければならぬ。これはすべての欲望や名聞利益を心にかけなくなり、浮き世を夢のごとく思い、心の底まで清くなることである。ここまできてこそ仏道に心がなじみ、菩提《ぼだい》に望みをかけることが出来る、と述べている。そして「必ズシモ道心ニアラネドモ、只渡世《ただとせい》ノ為ニ遁世《とんせ》スル人、年々ニ多ク見ルニヤ。サレバ当世ハ、遁世《とんせ》ハ遁世《とんせ》ノ遁《とん》の字ヲアラタメテ貪《とん》（むさぼる意）世《せい》トカクベキニヤ」と痛烈な皮肉をとばしている。

## ⑦⑤ 南無妙法蓮華経《なむみょうほうれんげきょう》の題目《だいもく》の内《うち》には、一部八巻《いちぶはちかん》二十八品《ぼん》六万九千三百八十四の文字《もじ》、一字《いちじ》ももれずかけずおさめて候《そうろう》。

（妙法尼御前御返事《みょうほうにごぜんごへんじ》、一五二七頁）

定本遺文では弘安五年七月三日のこの「妙法尼御前御返事」（六難九易書《ろくなんくいしょ》ともいう）と、つづいて同年同月の十四日の「妙法尼御前御返事」と、「種々物御消息《しゅじゅものごしょうそく》」「時光殿御返事《ときみつどのごへんじ》」を挟《はさ》んでつづいている。後《あと》の方は一部を欠くが池上本門寺に真蹟がある。この御書を賜った妙法尼のことについては詳細は不明だが、駿河岡宮《するがおかみや》に住し、夫と兄を失って発心出家《ほっしんしゅっけ》、弘安五年二月二十二日になくなり、その跡を寺とし妙法寺と号したという。御書の内容によれば信仰厚い女性であったことが知られる。この御書を「六難九易書《ろくなんくいしょ》」とよばれるのは、文中「六難九易《ろくなんくい》と申《もう》して大事《だいじ》の法《ほう》門候《もんそうろう》」とあり、妙法尼が法華経について不審《ふしん》をたずねたのは六難のうち「此の経を聴受《ちょうじゅ》し、その義趣《ぎしゅ》を問わん、是《こ》れ則《すなわ》ち難《かた》しとなす」とある第五難にあたると述べられたことに由来する。

六難九易《ろくなんくい》は法華経宝塔品《ほうとうほん》に説かれている。煩をいとわず、六難《ろくなん》と九易《くい》をあげれば次のようである。

（六難《ろくなん》）

1、仏の滅後の悪世にこの経を説くこと（弘説難《ぐせつなん》）

2、仏の滅後この経を自ら書き、また他人に書かすこと（書写難《しょしゃなん》）

3、仏の滅後の悪世にあってこの経を読誦《どくじゅ》すること（読誦難《どくじゅなん》）

4、仏の滅後、この経を持ち一人のためにも説くこと（潜説難《せんぜつなん》）

5、仏の滅後、この経を聴いてその意味を問うこと（問義難《もんぎなん》）

6、仏の滅後、この経を持つこと（受持難《じゅじなん》）

（九易《くい》）右の六難に比べるとたやすいと考えられること、

1、数かぎりない他の経典を説くこと、

2、須弥山《しゅみせん》を手にとって他の国土に投げること、

3、足の指でこの三千大千世界を動かし、他の国土に投げること、

4、天の一番高い有頂天《うちょうてん》に立って他の経典を説くこと、

5、虚空《こくう》を手にとって、あちこち歩くこと、

6、この大地を足のツメの上に置いて梵天《ぼんてん》にのぼること、

7、この世の終りにあるという大火の中へ、乾《かわ》いた草を背に負うて入って焼けぬこと、

8、他のあらゆる経典を持ち、人のために説いて六つの神通力《じんづうりき》を得させること、

9、数限りない衆生に説いて小乗の悟り（阿羅漢《あらかん》）を得させること、

以上のようである。

妙法尼からの第二の質問は「南無妙法蓮華経と唱《とな》うるばかりにて仏になるべしや」ということである。いわば南無妙法蓮華経のお題目の功徳を問うているのである。それに対して答えられたのが、この一節にあげた文である。

すでに第二十三話で申しあげたように、観心本尊抄《かんじんほんぞんしょう》で

「釈尊の因行果徳《いんぎょうかとく》の二法は妙法蓮華経の五字に具足《ぐそく》す、我等この五字を受持《じゅじ》すれば自然《じねん》にかの因果《いんが》の功徳《くどく》を譲《ゆず》り与《あた》えたもう」（七一一頁）と明示され、四信五品鈔《ししんごほんしょう》には

「直専持此経《じきせんじしきょう》というは、一経にわたるにあらず、専ら題目を持《たも》ちて余文をまじえず、なお一経の読誦《どくじゅ》だも許さず」（一二九七頁）と徹底した唱題を教えられている。そしてまた観心本尊抄《かんじんほんぞんしょう》の末尾に

「一念三千を識《し》らざる者には、仏大慈悲を起し五字の内にこの珠《たま》をつつみ、末代幼稚《まつだいようち》の頸《くび》にか

けさしめたもう」と教えられている。そしてそこには第六十六話で申し述べたように南無妙法蓮華経は一代の肝心であり、法華経の心であり、体であり、所詮《しょせん》である。この五字七字のなかに、法華経一部八巻二十八品六万九千三百八十四の文字、一字ももれず、欠けず収《おさ》められているからである。

## ㊆ さればまず臨終《りんじゅう》の事《こと》を習《なろ》うて後《のち》に他事《たじ》を習うべし。

（妙法尼御前御返事《みょうほうにごぜんごへんじ》、一五三五頁）

さきに述べたように、この一文は後《あと》の方、つまり七月十四日の妙法尼御前御返事である。一部を欠くが池上本門寺に真蹟が格護《かくご》せられてある。

この文は、妙法尼が主人の臨終《りんじゅう》の様子を伝えてきたのにこたえられたものである。

「お手紙によると、亡《な》き御主人は臨終《りんじゅう》に際し法華経の題目を夜昼お唱えになり、いよいよというう時になって二声高らかに唱えられたとのこと。またお亡《な》くなりになった時は、生きておられた時よりも色白くとりみだすようなことはなかった」とある。

「色が白かった」ということについて、天台大師《てんだいだいし》、玄奘三蔵《げんじょうさんぞう》の例をあげて、天に生ずること疑いなしとされ、またいよいよ臨終《りんじゅう》という時に、法華経の題目を高声に二度唱えられたということだが、一代聖教のなかの実語《じつご》である法華経の題目を唱えられたからには、一生乃至無始《むし》以来の悪業《あくごう》変じて仏の種となり、成仏疑いなしと仰せられている。そのような強盛《ごうじょう》の人を夫とするあなたもまた女人成仏疑いなしと結んでおられる。

「それおもんみれば、日蓮幼少の時より仏法を学び候いしが、念願《ねんがん》すらく、人の寿命《いのち》は無常なり。出《い》ずる気《いき》は入《い》る気《いき》を待《ま》つ事なし。風の前の露、なお譬《たとえ》にあらず、賢きもはかなきも、老いたるも、若きも定めなき習《なら》いなり」だからこそまず臨終《りんじゅう》のことを習《なら》えと教えられているのである。

第四話「心あらん人は、後生《とせ》をこそ思いさだむべきに候え」にてこの一文をあげてすでに述べたところである。

○

臨終《りんじゅう》のことを習《なら》う――という。私がここでお話しようとするのは名僧でもなければ智者でもない、政治家でもなければ軍人でもない。一人の死刑囚《しけいしゅう》の話であります。くわしく話せば大変長くなるので心ならずも端折《はしょ》って概略を述べる——。

主人公島秋人《しまあきひと》君。彼は昭和九年六月二十八日満州で生れ、戦後父母と共に新潟県柏崎市に引揚げたが、母は疲労がもとで間もなく死。本人も病弱で結核やカリエスにかかり七年間ギブスをはめて育つ。小・中学校とも成績は劣等。中学卒業後、職業を転々とかえ、転落の生活が始まり、少年院へも送られた。昭和三十四年雨の夜のこと、飢えにたえかね農家に押入り二千円を奪ったが、家人に見つけられ争って家人を殺す、死刑囚となる。

「知能指数も低く、脳膜炎《のうまくえん》もやり、精神病院へも入って…」という彼の学校の思い出で一つ、ほめられたことがあった。中学一年生の担任、図工の吉田先生に構図がいいとほめられた。

獄窓から死刑囚になった次第を書き、絵を送ってほしいと吉田先生にたよりしたら、その返事に奥さまからも慰《なぐさ》めの言葉。そして最後に自分たちが遊んだ寺の風景をうたった和歌三首があった。

それがきっかけで島秋人君は、和歌の制作に努力をつづけ、ついには毎日歌壇賞（半年に全国で一人）をうけるにいたった。

その彼の和歌がつづられて「遺愛集《いあいしゅう》」という一冊の本になった。そこには、上手下手ではなく、死を見つめて生きる人間の澄《す》んだ心が如何なくうたわれている。毎日歌壇の撰者窪田空穂《くぼたうつぼ》氏は言う「頭脳の明晰さ、感性の鋭敏さを思わずにはいられない」と。

一冊の本になる程の和歌があるが、そんななかから、ほんの一つ、二つ。

素直《すなお》にて昏《く》るる日《ひ》のあり被害者《ひがいしゃ》のみたまに詫《わ》びて夕餉《ゆうげ》いただく

死刑囚《しけいしゅう》に耐《た》えねばならぬ余命《よめい》あり淋《さび》しさに飲《の》む水《みず》をしりたり

笑《え》む今《いま》の素直《すなお》になりしこのいのち在《あ》るとは識《し》らず生《い》かされて知《し》る

てのひらを冬陽《ふゆひ》の壁《かべ》に添《そ》えている死囚《ししゅう》のいのちひととき愛《いと》し

詫《わ》びる日《ひ》の迫《せま》り来《き》し今《いま》ふるえつつ憶《おも》うことみな優《やさ》しかりけり

今日《きょう》の今在《いまあ》るを尊《とうと》び冬日《ふゆひ》ざし明《あか》るくあみて窓《まど》にたちたり

生《い》かさるるひと日《ひ》尊《とう》とび思《おも》う夜《よ》のすべてのもののいのち愛《いと》ほし

刑場《けいじょう》のつゆと消《き》えはつ身《み》を惜《お》しみ虫《むし》になりても生《い》きたしと思《おも》う

この澄《す》める心《こころ》ありとは知《し》らずして刑死《けいし》のあすに迫《せま》る夜《よ》ぬくし

昭和四十二年十一月二日小菅刑務所で三十三歳の生涯を閉じた。

## ⑺ この御経《おんきょう》を開《ひら》き見《み》まいらせ候《そうら》えば、明《あき》らかなる鏡《かがみ》をもって我《わ》が面《おもて》を見《み》るがごとし。

（千日尼御前御返事《せんにちあまごぜんごへんじ》、一五四〇頁）

佐渡の阿仏房《あぶつぼう》が三たび、弘安元年、阿仏房九十歳の老齢で遙々身延を訪ねられた時、その妻千《せん》日尼《にちあま》が阿仏房に托した書面で女人成仏について尋ねた時の返事である。真蹟は佐渡妙宣寺《みょうせんじ》に格護せられてある。

法華経流伝《るでん》の歴史をふりかえられたあと、八万四千といわれる一切経の中で、この法華経が仏陀出世の本懐《ほんがい》を述べられたものであることは、明らかな鏡で我が顔を見るが如く明々白々であり、夜が明けて太陽が出て草木の色がはっきり見えわかつようである、というのがここに掲げた一節である。

それというのも開経である無量義経《むりょうぎきょう》に「四十余年未だ真実を顕《あら》わさず」とあり、法華経方便《ほうべん》品《ほん》には「世尊《せそん》の法は久しうして後《のち》に要《かなら》ず真実を説くべし」とあり、宝塔品《ほうとうほん》には多宝如来《たほうにょらい》が「妙法蓮華経は皆これ真実なり」と証明され、さらには神力品《じんりき》において「舌相《ぜっそう》、梵天《ぼんてん》にいたる」（広《こう》長舌《ちょうぜつ》は仏の三十二相の一、不虚妄《ふこもう》をあらわす）とある。このように、経文のなかにくりかえし法華経が真実の経であることが述べられているのを見て、まさに明々白々。諸経は星であるとすれば、法華経はまさに太陽である。

その真実の経である法華経第五の巻、提婆達多品《だいばだったほん》に「八歳の竜女《りゅうにょ》の成仏」が説かれている。伝教大師はその著法華秀句《ほっけしゅうく》のなかで、このことを説いて「法を説く人も、それを聞いた多くの衆生も、ともに永い間の修行を経ずして妙法の力によって即身成仏《そくしんじょうぶつ》した」と述べられてある。

この日蓮も受け難き人身を受け、値《あ》い難き仏法に値《あ》う。ひとえに父母、国主、一切衆生の恩であるが、わけて父母の恩、なかでも悲母《はは》の恩に報いんとこの真実の教である法華経こそ女人成仏のただ一つの経典であり「悲母《はは》の恩を報ずる実《まこと》の報恩経《ほうおんぎょう》」であると、一切の女人にも説き勧《すす》めてきたのである。

ここで日蓮聖人は、かつて念仏信者であった阿仏房夫妻に、南無阿弥陀仏といかように唱えても堕地獄《だじごく》の因《いん》とはなっても、成仏はかなわないと諄々《じゅんじゅん》と説きすすめておられる。

以上、千日尼《せんにちあま》の女人成仏についての疑義を晴らした上、佐渡、身延と日蓮聖人を外護《げご》され、その上身延へ三度まで遙々夫を遣《つか》わされた功徳の尋常一様でなく、尼の成仏は決定《けつじょう》と述べられて

いる。その中で佐渡のことをふりかえっては、

「地頭地頭念仏者念仏者等日蓮が庵室《あんしつ》に立ち副《そ》いて、通《かよ》う人もあるを惑《まど》わさんと責《せ》めしに、阿《あ》仏房《ぶつぼう》に櫃《ひつ》（飯櫃《めしびつ》のこと）を負《お》わせ、夜中に度々《たびたび》おんわたりありし事、何《いずれ》の世にか忘らむ。ただ悲母《はは》の佐渡国に生れ替《かわ》りてあるか」と感謝の心をこめて述べ、身延へは、

「身近に居れば好意を寄せてはくれても、離れてしまえば（佐渡から身延へ）たとえ心では忘れてしまわないまでも疎縁《そえん》になってしまうのが人の常である。ところが尼御前《あまごぜん》は文永十一年日蓮がこの身延の山中に入ってから弘安元年の今日まで、五か年の間、佐渡から身延まで三度までも夫を遣《つか》わし、日蓮の安否を尋ねられたこと、何と厚い志であろう。まことに大地よりも厚く、大海よりも深い志である」と感激しておられる。

阿《あ》仏房《ぶつぼう》は翌年弘安二年佐渡で九十一歳の生涯を閉じた。その子藤九郎盛綱《とうくろうもりつな》も父母の信仰をうけて佐渡及び北陸地方の弘教《ぐきょう》を担当、入道して後阿仏房《のちのあぶつぼう》とよばれるに至った。孫の如寂房興円《にょじゃくぼうこうえん》は六老僧の一人、白蓮阿闍梨日興上人《びゃくれんあじゃりにっこうしょうにん》の門に入り、親しく日興上人の教を受け、佐渡に帰って北陸七箇国の総導師とよばれ、藤九郎邸を捨てて寺としたのが妙宣寺《みょうせんじ》である。

## 78 日蓮《にちれん》は日本国安房国《にほんこくあわのくに》と申《もう》す国《くに》に生《うま》れて候《そうらい》しが、民《たみ》の家《いえ》より出《い》でて頭《こうべ》をそり、袈裟《けさ》をきたり。

（妙法比丘尼御返事《みょうほうびくにごへんじ》、一五五三頁）

妙法比丘尼《みょうほうびくに》、つまり妙法尼については、第七十五話にふれた。その妙法尼の兄の嫁から太布《たふ》（楮《こうぞ》の皮で織った布）でつくった帷《かたびら》を送られたお礼と、兄の尾張の次郎兵衛の亡《な》くなった報せへのなぐさめによせて法門を述べられた長文の消息である。付法蔵経《ふほうぞうきょう》によると商那和修《しょうなわしゅう》という人は、その昔辟支仏《ひゃくしぶつ》に衣を贈《おく》った因縁で、生れた時から衣を着ていたという話によせて帷《かたびら》のお礼を述べ念仏、真言、禅の謗法《ほうぼう》の所以《ゆえん》を歴史をひもときながら詳細に述べられている。

ここに掲げた一文は、そのなかの自叙伝的《じじょでんてき》回想のなかに出てくるのだが、日蓮聖人の出身については本尊問答抄《ほんぞんもんどうしょう》に「片海《かたうみ》の海人《あま》が子」（一五八〇頁、弘安元年）、佐渡御勘気鈔《さどごかんきしょう》には「海辺《かいへん》の旃陀羅《せんだら》が子」（五一一頁、文永八年）、善無畏三蔵抄《ぜんむいさんぞうしょう》には「東条片海《とうじょうかたうみ》の石中《いそなか》の賤民《せんみん》が子」（四六五頁、文永七年）、さらに佐渡御書《さどごしょ》には「旃陀羅《せんだら》が家より出でたり」（六一四頁、文永九年）

等と述べられている。旃陀羅とはサンスクリットのチャンダーラの音訳で、インドのバラモン（祭祀階級）、クシャトリヤ（士族）、バイシャ（庶民）、スードラ（奴隷）の四姓制度以外の最下級の賤民をさし、生類の生命を絶って生活している漁夫や猟師などをさすことばである。

これらについて『日蓮とその弟子』の中で宮崎英修氏は

「ここで留意せねばならぬことは、日蓮が旃陀羅《せんだら》と、ことに身を下して自称する時には、必ず諸経中の最高、最尊の法華経を持つ法悦を、はかない凡夫の穢身《えしん》に対比しているときである」（同書五五頁）とし、高木豊氏はその著『日蓮』（評論社刊）のなかで、その父は荘司《しょうじ》、荘官《しょうかん》級の地位の人であったろうと考証しておられる。（くわしくは宮崎英修氏『日蓮とその弟子』五五頁以下参照）

(79) 今度《こんど》の命《いのち》たすかり候《そうろう》は、偏《ひとえ》に釈迦仏《しゃかぶつ》の貴辺《きへん》の身《み》に入《い》り替《かわ》らせ給《たま》いて御《おん》たすけ候《そうろう》か。

（四条金吾殿御返事《しじょうきんごどののごへんじ》、一六〇〇頁）

弘安元年閏十月二十二日（聖人五十七歳、身延入山五年目）四条金吾に与えられたもの、真蹟は佐渡妙宣寺《みょうせんじ》に格護せられている。

この年六月二十五日に日女御前《にちにょごぜん》に送られた消息に「今、日本国の去年《こぞ》、今年《ことし》の大疫病は何とか心うべき」（一五一〇頁）とあり、またそれに先だつ同年二月十三日の松野殿御返事には「昨年の春から今年の二月中旬まで疫病が国に充満した。十軒に五軒、百軒に五十軒、みな病死したものが出た。たとえ病におかされなくても、心は大いに苦しむこと、病気におかされたもの以上である。たとえ生き残っても、父母や子を失って生きても何になろう。心ある人々はしみじみと此の世を厭《いと》うことである。三界《さんがい》は安《やす》きことなしと仏は説かれているが、まことに想像以上である」（一四四二頁）とある。

ところが、あの大難四箇度小難数知れぬ苦難に耐えぬかれた強靭《きょうじん》な日蓮聖人の肉体も、佐渡の風雪に耐えて三年、今また身延の生活も足かけ四年、建治三年十二月三十日から下痢になやまれた。

弘安元年六月三日阿仏房御返事によると、「正月より今六月一日に至り、連々《れんれん》此の病息《や》むことなし。死する事も疑いなき者か」（一五〇八頁）とある。

おそらくこの報せをうけられたのだろう、医術に明るい四条金吾が秋、身延を訪ね治療と施薬に専念し、漸く快方に向われたので聖人との別れを惜しんで、一か月後鎌倉に帰られた、という報せをうけてのこのおたよりである。

四条金吾が身延を訪れた時いただいた、銭《ぜに》三貫文、白米一俵、餅五十枚、酒大筒一、小筒一、串柿《くしがき》五把、柘榴《ざくろ》十のお礼を述べられたあと、「ようよう験《しるし》候て今所労《しょろう》（病気）平癒し、本よりもいさぎよくなりて候」とある。すっかり快復し、前より元気になったというのである。「死する事も疑いなき者か」と思われた病気がすっかりよくなったのは「ひとえに釈迦仏があなたの身に入れかわってお助け下さったのだろうか」と喜ぶと共に感謝の意を表しておられる。

以下は例によって、四条金吾へのこまかい注意である。身延からの帰り道を心配せられた日蓮聖人は、鎌倉から来る人ごとに四条金吾の安否をたずねておられる。そして是非ない用のほかは出歩かないこと。出歩く時には必ず馬に乗り、屈強《くっきょう》の伴《とも》をつれよなど訓戒されている。そして天台大師の摩訶止観《まかしかん》の註釈書である弘決《ぐけつ》の「かならず心固きによって、神の守りは則ち強し」という文をひいて、信心強盛ならんことをおしえられてある。

⑧⓪ 法華経《ほけきょう》と申《もう》すは随自意《ずいじい》と申《もう》して仏《ほとけ》の御心《おんこころ》を説《と》かせ給《たも》う。

（随自意御書《ずいじいごしょ》、一六一一頁）

衆生心身御書《しゅじょうしんしんごしょ》ともいう。真蹟は富士大石寺にあるが前半が欠けており、どなたへの手紙であるか判明しないのと、年代も不詳であるという。定本遺文は弘安元年とする。ただ熱心な信者に与えられたものと推測される。

随自意《ずいじい》とは自意に随《したが》う、つまり仏が衆生の機根《きこん》にかかわらず、仏自らの悟りをそのまま説き示すことで、これに対し随他意《ずいたい》とは仏が衆生の機根《きこん》や好みに随《したが》って説法し、真実の法門に誘引《ゆういん》する、つまり方便《ほうべん》の教をさす。

さて、現代の仏教学は仏教の根本とも言える「釈尊のさとりの内容」について次のように述べている。（中村元『ゴータマ・ブッダ』）

「釈尊のさとりの内容、仏教の出発点が種々異って伝えられているという点に、われわれは重大な問題と特性を見出すのである。まず第一に仏教そのものは特定の教義というものがない。ゴータマ自身は自分のさとりの内容を定式化して説くことを欲せず、機縁に応じ、相手に応じて異った説きかたをした。だからかれのさとりの内容を推しはかる人々が、いろいろ異って伝えるに至ったのである」（傍点著者）

このように述べられている。まさに随他意《ずいたい》の説である。

ところが法華経をふりかえってみよう。

第一の序品《じょほん》で仏は開経《かいきょう》である無量義経《むりょうぎきょう》をお説きになったあと「仏此の経を説きおわって結《けっ》跏趺坐《かふざ》し無量義処三昧《むりょうぎしょざんまい》に入って身心動じたまわず」とある。そして仏は此土《しど》の六瑞《ろくずい》、他土《たど》の六《ろく》瑞《ずい》という不思議を現じたまい、弥勒菩薩《みろくぼさつ》は大衆を代表して文殊菩薩《もんじゅぼさつ》にこの不思議は何の因縁かと問う。これに対して文殊菩薩は過去の諸仏もこの不思議を現じてのち法華経を説かれたから、今の釈尊もこれから法華経を説いて「実相《じっそう》の義《ぎ》を助発《じょほつ》」せられるであろう。「合掌《がっしょう》して一心に待ちたてまつれ」というところで序品は終る。

そして次の方便品では、

「その時に世尊、三昧《さんまい》より安祥《あんじょう》として起《た》って舎利弗《しゃりほつ》に告《つ》げたまわく」と始まるのである。さきにあったように、仏はいつも相手の問を待って語りかけられる。にもかかわらず、ここでは何の前ぶれもなく、静かに禅定から起って「舎利弗に告げ」られるのである。ここに法華経が随自《ずいじ》意《い》の説法であるということの歴然とした証拠があるのである。

⑧1 きわめてはかなくあるゆえに、私《わたくし》の言《ことば》をまじえず。きわめて正直《しょうじき》なるゆえに主《あるじ》の言葉《ことば》をたがえず。

（随自意御書《ずいじいごしょ》、一六一一頁）

随自意御書《ずいじいごしょ》のなかに三人のつかいの話がある。

「人のつかいに三人あり。一人はきわめてこざかしき、一人ははかなくもなし、又こざかしからず。一人はきわめてはかなくたしかなる。此三人に第一はあやまちなし。第二は第一ほどこそなけれども、すこしこざかしきゆえに、主《あるじ》の御《おん》ことばに私《わたくし》の言《ことば》をそうるゆえに、第一のわるきつかいとなる。第三はきわめてはかなくあるゆえに、私の言をまじえず。きわめて正直なるゆえに主《あるじ》の言葉をたがえず。第二よりもよき事にて候。あやまって第一にもすぐれて候なり。第一をば月支《げっし》の四依《しえ》にたとう。第二をば漢土《かんど》の人師《にんし》にたとう。第三をば末代の凡夫の中に愚痴《ぐち》にして正直なる物にたとう」とある。

第一の使者は利口で要領がよく、使者として過ちがないだろう。第二のしっかりしていないこともないが、器量者でもない者は、主人の言葉に余分な言葉をつけてしまうから、使いとしてはもっとも妥当を欠くおそれがある。これに対して、第三の器量者ではないが信用できる使いは、正直であるから主人の言葉に忠実である。だからこの第三の使いは、第二のものは言うに及ばず、第一のものよりすぐれている、というのです。

そしてそのあとの言葉にあるように、第三の使いとは、末代の凡夫のありようをたとえられたものです。

「愚痴にして正直」ということは、日蓮聖人の生涯を特色づけるものではないでしょうか。法華経をまさしく「愚痴にして正直」に読まれた人こそ日蓮聖人だと言えないでしょうか。

前にもあげられてあったように、開経《かいきょう》の無量義経《むりょうぎきょう》の「四十余年、未だ真実をあらわさず」方便品の「世尊の法は久しくして後《のち》に要《かな》らず真実を説くべし」など、法華経が仏陀出世の本懐《ほんがい》を説いたもの、随自意《ずいじい》の説であるというこの金言を、「愚痴にして正直」に読み、勧持品《かんじほん》二十行の偈《げ》を「愚痴にして正直」に色読せられた人こそ、まさに日蓮聖人でありました。

㊷ 米《こめ》は油《あぶら》の如《ごと》く、命《いのち》は灯《ともしび》の如《ごと》し。法華経《ほけきょう》は灯《ともしび》の如《ごと》く、行者《ぎょうじゃ》は油《あぶら》の如《ごと》し。檀那《だんな》は油《あぶら》の如《ごと》く、行者《ぎょうじゃ》は灯《ともしび》の如《ごと》し。

（曽谷殿御返事《そやどのごへんじ》、一六五四頁）

弘安二年（聖人五十八歳、身延入山六年目）八月十七日、曽谷殿《そやどの》に与えられた書である。ここで曽谷殿とは日蓮聖人の大檀越の一人であった曽谷教信《のりのぶ》の長子、四郎左衛門直秀《なかひで》、入道して道崇《どうそう》のことである。

今は亡き教信《のりのぶ》の供養のために焼米二俵を供養されたのに対し、その感謝を述べると共に、真言宗、慈覚大師円仁《じかくだいしえんにん》以来真言化された天台宗、禅宗、念仏宗の謗法《ほうぼう》をあげ、これに対し日蓮の一類、法華経の題目を弘むる行者の信者となった幸せ、また諸天善神は必ずわれらを守護したもうであろうと述べ、曽谷直秀《なおひで》が去る三月沢山のお金を布施されたが、それによって今年一百余人を身延の山中に養うことが出来、昼夜に法華経を読誦した。故教信《のりのぶ》殿の精霊もさぞ嬉しく思われるであろう、と。この年弘安二年の熱原法難《あつはらほうなん》（第七十八話参照）で敵にくみした大進房《だいしんぼう》（曽谷教信の弟）の死は、まさに現罰、結果法華経の弘まる因縁であろうか。

〇

ここに掲げた一文は、冒頭の焼米のお礼によせて述べられた言葉である。

米は人間の生命をつぐ大切なものである。生命というものは三千大千世界をもっても買うことが出来ぬ、と仏は説かせ給うている。米はその三千大千世界をもっても買えぬ生命をつぐ大切なものである、と前置きした上で、米と生命は油と灯のようなもの、米なければ生命の灯は絶える。また法華経の行者のような関係、行者の僧の死身弘法《ししんぐほう》の努力があって法華経の灯は燃えつづける。さらには檀那と行者の関係、つまり布施する檀那がなければ、行者の灯の火は消えてしまう。今あなたは焼米の布施をして下さったが、それはただ日蓮の生命の火をともすばかりではないので、法華経の灯、法華経の生命をつぐ大功徳《くどく》があると、「焼米二俵給ひ畢《おわ》んぬ」に対して感謝をこめて教えられた言葉である。再三申してきたように、一つ一つの物をいただかれては、必ず鄭重な謝意によせて、法門を説かれる日蓮聖人の態度は、わけて物のありあまる今の世の人々の心して傾聴しなければならぬことではなかろうか。

## ⑧③ ただ一圓《いちえん》に思《おも》い切《き》れ、善《よ》からんは不思議《ふしぎ》、悪《わる》からんは一定《いちじょう》と思《おも》え。

（聖人御難事、一六七四頁）

弘安二年（聖人五十八歳、身延入山六年目）十月一日、駿河地方に起った熱原法難《あつはらほうなん》に因《ちな》んで四条金吾を介《かい》して弟子檀那に与えられた書で、真蹟は中山法華経寺にある。

六老僧の一人、日興上人《にっこうしょうにん》は日蓮聖人の身延入山後、建治元年ごろから駿河地方の伝道を本格化し、四十九院、実相寺《じっそうじ》、上野の南条家、賀島の高橋家を中心に折伏《しゃくぶく》、教導に心血を注がれた。実相寺では住僧の肥後房、筑前房、日仲が、四十九院では同院の供僧日持《にちじ》、賢秀《けんしゅう》承賢《しょうけん》が、滝泉寺《りゅうせんじ》では日秀《にっしゅう》、日弁《にちべん》、日禅《にちぜん》が日興上人《にっこうしょうにん》の弟子となり、この地方の天台宗寺院内部に日蓮聖人の教義を中核とした集団が形成されて、寺院上層部との間に対立抗争が生じた。

四十九院は駿河国蒲原荘《かんばらしょう》にあった天台宗横川系《よかわけい》の寺院で、日興上人が幼少のころ当院で修行された因縁のある寺である。滝泉寺《りゅうせんじ》は富士郡熱原郷《あつはらごう》（現富士市）の南部市庭寺《いちばじ》にあった天台宗寺院で、当時の院主代、左近入道行智《さこんにゅうどうぎょうち》と日秀、日弁の対立が熱原法難に発展する。実相寺は富士市岩本にあり、天台宗寺門派に属し、日蓮聖人が立正安国論起草に先立って一切経を閲覧《えつらん》されたところとして知られる。この時、日興上人は日蓮聖人の門弟となった。

これらの寺々の僧たちのほか、在地の百姓農民の帰依《きえ》するものも次第に多くなっていった。相つぐ僧俗の改宗に驚いた滝泉寺院代、行智《ぎょうち》は、代官や大田親昌《おおたちかまさ》、長崎時綱《ときつな》など土地の武士らと謀《はか》り、浅間神社の流鏑馬《やぶさめ》の神事の際に信徒の四郎坊に重傷を負わせ、また弥四郎を暗殺するなどの行動に出た。さらに弘安二年九月二十一日日秀、日弁の私有田の稲刈りの際に、武装襲撃して農民信徒約二十人を代官所に引き立て、行智《ぎょうち》らは「院主の田から稲を盗んだ」と告訴状《こくそじょう》を作って二十人を鎌倉へ送った。侍所《さむらいどころ》の所司《しょし》、平左衛門尉頼綱《へいのさえもんのじょうよりつな》は二十人を私邸に引きたて、法華信仰を放棄するよう迫ったが、一同最後まで題目を唱えつづけた。業を煮した頼綱《よりつな》は、同年十月十五日神四郎《じんしろう》、弥五郎《やごろう》、弥六郎《やろくろう》（熱原《あつはら》の三烈士《さんれつし》という）の三人を斬首《ざんしゅ》、残る十七人を追放刑に処した。こうした惨事を招くにいたった一つの理由は、熱原《あつはら》一帯は北条氏の得宗領《とくそうりょう》、つまり北条氏の家領《かりょう》であった（徳川時代の天領《てんりょう》）こと、だからその所断を得宗被官《とくそうひかん》の平左衛門尉頼綱《へいのさえもんのじょうよりつな》が担当したのである。権力と結んだ弾圧は却《かえ》って信徒たちの団結を生み、日蓮聖人の教えはこの地方に深く根をおろすにいたった。なお神四郎《じんしろう》らが処刑《しょけい》された十月十五日付で、日弁《にちべん》、日秀《にっしゅう》らは問注所《もんちゅうしょ》に行智《ぎょうち》の不法を訴えた滝泉寺申状《りゅうせんじもうしじょう》を提出している。日弁《にちべん》、日秀《にっしゅう》の名で訴えてはいるが、内容は前半を日蓮聖人、後半を日興上人《にっこうしょうにん》が執筆されたものである。真蹟が中山法華経寺にある。

以上が熱原法難《あつはらほうなん》の概要であるが、さきにも言うように、この法難に際し鎌倉の門下の人々に対し、日蓮聖人立教開宗以来二十七年、種々の大難にあうとも、梵天《ぼんてん》・帝釈《たいしゃく》等守護する故に現世《げんぜ》は安穏《あんのん》にして未来は成仏すべしと経文に符合《ふごう》せることを喜び、謗法者《ほうぼうしゃ》には現罰《げんばつ》あり、門下は獅子《しし》王《おう》の如くなる心を持ち、法難に対しては捨身決定《しゃしんけつじょう》の心で立ち迎えよと教えられたものである。

ここにあげた一文は「ただ一図《いちず》に思い切れ、罪に問われず、赦《ゆる》されるというような善《い》い結果はむしろ奇蹟《きせき》であり不思議である。むしろ罪に問われる悪い結果になるのが当然であると思え」と覚悟をうながされているのである。

この聖人御難事《しょうにんごなんじ》の最後に一項「人のさわげばとてひょうじなんと、此一門にせられば、此へかきつけてたび候え」とある。ひょうじとは兵事ということ。つまりたとえ敵人が兇器《きょうき》を持ってさわぐようなことがあっても、日蓮の一門としては兵士《へいし》などのような腕力沙汰《わんりょくざた》に及ぶものがあったら、大変な不量見であるから、日蓮がもとへ書きつけて知らせて下さいとある。心に残る一項である。

## ㊹ 五尺《ごしゃく》の雪降《ゆきふ》りて、本《もと》よりもかよわぬ山道《やまみち》ふさがり、といくる人《ひと》もなし。

（上野殿御返事《うえのどのごへんじ》、一七二一頁）

弘安二年、さきの熱原法難《あつはらほうなん》のあった年の十二月二十七日、暮れもおしつまったころ、富士の上野殿、南条七郎次郎から白米一駄《いちだ》（馬一頭の荷物）送られたお礼の手紙で、真蹟は大石寺にある。

建治三年十二月末に発病された日蓮聖人の下痢も、さきの四条金吾殿御返事（第七十九話）にあったように、快癒され、前よりも気分がすぐれるとあったが、同年九月再発、十月の初旬かなり重態になられた。このころまた全国的に疫病の流行がはげしくなっている。（弘安元年閏十月十三日、上野殿御返事、一五九六頁）同年十一月二十九日の「兵衛志殿御返事《ひょうえさかんどのごへんじ》」（一六〇六）には「去年《こぞ》の十二月三十日より、はらのけ（下痢）の候しが、春夏やむことなし。あきすぎて十月のころ大事になりて候しが、すこしく平癒つかまつりて候えども、ややもすればおこり候」とある。

そして翌弘安二年五月十七日の四菩薩造立鈔《しぼさつぞうりゅうしょう》の末尾には（一六五〇頁）

「身の所労《しょろう》（病気）いまだきらきら（快然）しからず候間省略せしめ候」とあります。

ここに掲げた上野殿御返事は、その年の十二月のことであります。

「五尺の雪ふりて本よりかよわぬ山道ふさがり、といくる人もなし。衣もうすく、かん（寒）ふせぎがたし。食たえて命すでに終りなんとす。」とある。聖人の健康もすぐれなかったことと推察される。そんな時に白米一駄《いちだ》を送られたのである。

「一度に思切って餓死《うえし》なんと、案《あん》じ切って候つるに、わずかの灯《ともしび》に油を入れそえられたるが如し、あわれめでたく、尊《とうと》き御心かな」と感謝を述べられている。

同じような表現は、弘安元年十一月二十九日の「兵衛志殿御返事《ひょうえさかんどのごへんじ》」（一六〇五頁）にもある。

「雪かたくなること金剛のごとし。今に消ゆる事なし。昼も夜も寒く冷《つめ》たく候事、法にすぎて候。

酒は凍《こお》りて石の如し。油は金に似《に》たり。鍋釜《なべかま》に小水あれば凍《こお》りて割れ。寒《かん》いよいよかさなり候えば、着物うすく、食乏《とも》しくして、さしいずるものなし」とある。

身延入山当初の文永十一年の富木殿御書には「飢渇《けかち》（飢《う》えと渇《かわ》き）申すばかりなし、米一合もうらず、餓死《がし》しぬべし」（八〇九頁）とある。

日蓮聖人の身延在山中の生活のほどを知ることが出来る。

ふりかえって私たちの今の日常はどうであろうか。もちろん時代もちがう、と言ってしまえばそれまでだが、暖衣飽食《だんいほうしょく》、きびしさに欠ける生活のなかで、果して真の信心を獲得《ぎゃくとく》できるのであろうか。

㊽ **三世十方《さんぜじつぽう》の諸仏《しょぶつ》は必《かなら》ず妙法蓮華経《みょうほうれんげきょう》の五字《ごじ》を種《たね》として仏《ほとけ》に成《な》り給《たま》えり。**

（秋元御書、一七三一頁）

弘安三年（聖人五十九歳、身延入山七年目）正月二十七日、秋元《あきもと》太郎《たろう》兵衛《ひょうえ》殿《どの》が、筒御器《つつごき》一具《いちぐ》、盞《さら》六十枚を奉《たてま》ったのに対し、お礼によせて法門を述べられたものである。真蹟は現存しないが古来偽書説はない、と。

秋元太郎兵衛は下総国印旛郡白井《いんばぐんしらい》の荘《しょう》の人、富木氏とは親戚関係にあったようで、また曽谷《そや》、太田氏とも親交が深かった。文応元年（聖人三十九歳）松葉ケ谷《まつばがやつ》草庵襲撃事件のあと、下総《しもふさ》若宮に難を避けられた日蓮聖人が富木氏の法華堂で百座説法を行なわれた時入信し終生檀越となった人である。秋元氏に賜った御書は文永八年正月十一日の秋元殿御返事と、今ここにあげる御書の二通である。

御供養の器《うつわ》のお礼によせて、器《うつわ》にまつわる法門を説かれたのち、呵責謗法《かしゃくほうぼう》、特に慈覚大師《じかくだいし》以来の叡山密教《えいざんみっきょう》の謗法《ほうぼう》を破折《はしゃく》、最後に身延の山居の様子を述べられた長文の消息である。

筒御器《つつごき》とは竹筒《たけづつ》の形をした器で液体を入れる塗物の器。盞《さら》とは小さな杯《さかづき》をいう。

そこで日蓮聖人は「器《うつわ》に四の失《とが》あり」と、覆《ふく》、漏《ろ》、汙《う》、雑《ぞう》という四つの欠点をあげ、これによせて法門を述べられている。

まず覆《ふく》とは、うつぶけること、くつがえすこと、蓋《ふた》を覆《おお》うことであるという。それはちょうど法華経という法水を器に入れたのに、ひっくりかえしたり、両の耳を覆《おお》うて聞こうとしなかったり、あるいは口から吐《は》き出すようなものであるという。

第二の漏《ろ》とは、読んで字の如く、水のもれることである。これは信心でいうなら、せっかく信仰したのに、悪縁《あくえん》に値《お》うて信心が次第に薄くなり、やがては捨ててしまう。信ずるようであったり、捨てるようであったり、というのは、水の漏《も》れるようなものである。

第三の汗《う》というのは、けがれるということ、せっかくのきれいな水に糞《ふん》を入れたようなもの。そして第四は雑《ぞう》で、飯《めし》に砂《すな》をまじえたり、糞《ふん》をまじえたりするようなことである。

この汗《う》、雑《ぞう》とは、信心でいうならば、一口は南無妙法蓮華経と唱え、一口は南無阿弥陀仏を唱えるようなものである。天台に朝題目の夕念仏、というようにこれが汗《う》、雑《ぞう》である。法華経には「ただ大乗経典を受持することを楽《ねが》うて乃至余経の一偈をも受けざれ」と戒められている。そして三世十方の仏は妙法蓮華経の五字を種《たね》として仏になられたので、念仏も真言も五戒も、いずれも仏になる種《たね》ではない。このことをよくよく考えておくべきである、と。

日蓮聖人が、たまたま御供養にいただかれた器《うつわ》によせて、正信を喚起《かんき》せしめられたものである。

## ㊱ 一歳《いっさい》より六十《ろくじゅう》に及《およ》んで多《おお》くの物《もの》を見《み》る中《なか》に悦《よろこ》ばしき事《こと》は法華最第一《ほっけさいだいいち》の経文《きょうもん》なり。

（慈覚大師事《じかくだいしのこと》、一七四二頁）

弘安三年正月二十七日（聖人五十九歳）太田乗明《おおたじょうみょう》氏が鵞眼《ががん》（鵞目《がもく》に同じ、銭《ぜに》のこと）三貫と絹の袈裟《けさ》を供養されたお礼によせて法門を述べられている。

太田乗明《おおたじょうみょう》氏は文応元年富木氏の縁によって聖人に帰依、また聖人と縁戚関係にあって、聖人遊学当時資縁《しえん》されたともいう。篤信の人で、その子は中山法華経寺の法燈をついだ帥阿闍梨日高《そつあじゃりにちこう》上人《しょうにん》である。単なる武人でなく、教義理解も深く、当身《とうしん》の大事《だいじ》といわれた観心本尊抄《かんじんほんぞんしょう》も富木、太田、曽谷《そや》三氏に送られている。御真蹟が中山法華経寺にある。

慈覚大師事《じかくだいしのこと》と名けられているのは、天台密教の謗法の根源である慈覚大師について述べられてあるからである。冒頭、供養の御礼を述べられたあとすぐ、

「なによりも受け難き人身、値《あ》い難き仏法に値《あ》いて候に、五尺の身に一尺の面《おもて》あり、其面《おもて》の中、三寸の眼《まなこ》二つあり、一歳より六十に及んで多くの物を見る中に、悦ばしき事は法華最第一《ほっけさいだいいち》

の経文なり」とある。

法華最第一とは、法華経法師品《ほっしほん》第十の偈《げ》に「わが説ける所の諸の経あり、しかもこの経の中において法華は最も第一なり」とある。

弘法大師は法華経を真言、華厳についで第三とし、また天台密教の慈覚大師《じかくだいし》は密教についで第二としたが、法華経の明文に「最第一」と書かれてある。この仏陀の金言を無視した謗法《ほうぼう》の罪は深く、慈覚大師《じかくだいし》がなくなって叡山の徒と慈恩寺の僧がその骸《なきがら》を争って、ついにその身体と首は別々に切り離されて葬られたのも謗法《ほうぼう》の顕著な現証である、と教えられている。

晩年身延の日蓮聖人の御書のなかでは、佐渡以前に法然の撰択本願念仏集《せんちゃくほんがんねんぶつしゅう》への批判が集中的であったのに対し、慈覚大師への批判が顕著である。

慈覚大師円仁《じかくだいしえんにん》（七九四―八六四）は下野《しもつけ》の人、十五歳で比叡山に入り、承和五年第十七次遣唐船（最後の遣唐船）で大使藤原常嗣《つねつぐ》と共に入唐、天台山留学が認められず、山東半島赤山《せきざん》法華院に居ること半年余、五台山を経て長安に入り、元政より金剛界《こんごうかい》、義真より胎蔵界《たいぞうかい》の灌頂《かんじょう》をうけ、まさに帰国せんとしたが、唐の武宗《ぶそう》の会昌破仏《かいしょうはぶつ》に遇《あ》い、長安に留ること六年、俗服で長安脱出、山東半島にもどり、新羅人張詠《しらぎじんちょうえい》らの助けで承和十四年帰国した。この間、在唐十年の日記が旅行記として広く知られている「入唐求法巡礼行記《にっとうぐほうじゅんれいぎょうき》」である。のち仁寿四年(八五四)天台座主となったが、ここに弘法大師系の密教、東寺の密教、略して東密《とうみつ》に対して、天台系の密教、略して台密《たいみつ》がうまれるにいたったのである。日蓮聖人は、慈覚大師円仁以来、法華経主流の天台宗が、密教化されたことを、徹底的に謗法として批判されている。

**87 それ信心《しんじん》と申《もう》すは別《べつ》にはこれなく候《そうろう》。妻《つま》の夫《おとこ》をおしむが如《ごと》く、夫《おとこ》の妻《つま》に命《いのち》をすつるが如《ごと》く（略）南無妙《なむみよう》法蓮華経《ほうれんげきよう》と唱《とな》えたてまつるを信心《しんじん》とは申《もう》し候《そうろう》なり。**

（妙一尼御前御返事《みよういちあまごぜんごへんじ》、一七四九頁）

同じく弘安三年五月十八日、妙一尼《みよういちあま》にあてられた御書である。真蹟はないが、古来偽書説はない、という。妙一尼《みよういちあま》については異説があるが、工藤祐経《くどうすけつね》の長女で印東次郎左衛門尉祐照《いんどうじろうざえもんのじようすけてる》の妻。六老僧の一人、日昭上人《につしようしようにん》を生んだ女性であると伝えられている。御書によれば、鎌倉に居住、弁殿《べんどの》日昭上人と深い関係あり、信心強盛で多くの迫害に耐えて最後まで退転せず、また自身の下僕を佐渡、身延に送って聖人に給仕をささげた女性である。

これは短かい消息であるが、むつかしい教義はさておき、身近な例によって信心を説かれたもので味わいふかい。全文をあげると次のようである。

「それ信心と申すは別にはこれなく候。妻のおとこ（夫）をおしむが如く、おとこの妻に命をすつるが如く、親の子をすてざるが如く、子の母にはなれざるが如くに、法華経、釈迦、多宝、十方の諸仏菩薩、諸天善神《しょてんぜんじん》等に信を入れ奉りて、南無妙法蓮華経と唱えたてまつるを信心とは申し候なり。しかのみならず、『正直に方便《ほうべん》を捨てて、余経の一偈《いちげ》をも受けざれ』の経文を、女の鏡をすてざるが如く、男の刀《かたな》をさすが如く、少しも捨つる心なく案じ給うべく候」というのである。

夫婦、親子の関係のように仏に信を入れよ、というのである。信仰というものは、これこれの理論を示され、なるほどとうなずいて、理づめで始まるものではない。単なる理論をこえた熱《あつ》いものがあってこそ、不惜身命《ふしゃくしんみょう》の殉教《じゅんきょう》ということも起るものである。

みなさまが日ごろ馴染《なじ》んでおられる寿量品《じゅりょうほん》の自我偈《じがげ》のなかに「咸《ことごと》く皆恋慕《みなれんぼ》を懐《いだ》いて」（咸皆《げんかい》

懐恋慕《えれんぼ》）、「その心恋慕《れんぼ》するによりて」（因其心恋慕《いんごしんれんぼ》）と、二度までも「恋慕《れんぼ》」という言葉がつかわれている。読んで字の如く「恋い慕《こした》う」ということである。

この世の中で「恋《こい》」ほど厄介《やっかい》なものはない。一切の理屈はまかり通らぬのである。とんでもない男性に恋してしまった娘を、親はいろいろに口説《くど》く。でもまず駄目《だめ》なのである。恋をした男女は食事も碌《ろく》にノドが通らない。四六時中、ただ相手のことのみが心にかかるのである。

自我偈《じがげ》で言うなら、仏さまに恋《こ》い恋《こ》がれるのである。寝《ね》ては夢、起きてはうつつ幻《まぼろし》の、という。いついかなる時も、仏さまのことが念頭を去らないのである。妻が夫を、夫が妻を思うが如く、仏さまに信を入れることなのである。また親子もそうである。

そうした純心な、ひたすらな心で仏さまにすべてをおまかせしてお題目を唱えることこそ信心だと仰せられているのである。

正直捨方便《しょうじきしゃほうべん》、不受余経一偈《ふじゅよきょういちげ》、純心な、ひたむきな信仰を法華経にささげれば当然そうなるであろう。

さきにも言うように、身近な例で、だれにもわかるように信心を説かれ、短かいが味わい深い聖訓である。

## ⑧⑧ 仏法《ぶっぽう》は体《たい》のごとし、世間《せけん》はかげのごとし、体曲《たいまが》れば影《かげ》ななめなり。

（諸経与法華経難易事《しょきょうとほけきょうとなんいのこと》、一七五二頁）

この御書も引つづいて弘安三年のもの。五月二十六日、富木殿《ときどの》に送られた消息で、真蹟は中山法華経寺にある。

諸経と法華経と難易《なんい》の事、という題は、この御書の内容に従って後人のつけたものである。諸経は随他意《ずいたい》であり易信易解《いしんいげ》であるのに対し、法華経は随自意《ずいじい》であり難信難解《なんしんなんげ》である（第八十話参照）ことを示されたのち、仏法は体《たい》、世間は影《かげ》である所以《ゆえん》を示し、随自意難信難解の法華経を国家社会の指導精神としなければならぬことを教えられたものである。

日蓮聖人は終始謗法者《ほうぼうしゃ》の折伏《しゃくぶく》を強調され、謗法と知ってこれを責めなければ与同罪《よどうざい》に堕し堕《だ》地獄《じごく》の因となるときびしく教えられている。ところがその謗法の諸宗に援護の手をさしのべて、間接的に謗法罪《ほうぼうざい》を構成している世法たる現実の政治を無視することは出来なかった。今ここに「仏法は体、世間は影」と、仏法と世法とが体と影の関係にあることを指摘し、仏法の世法に対する優位を明確にしておられる。だから「資生産業即仏法《しせいさんぎょうそくぶっぽう》」という考えも単なる世法と仏法の安易な癒着を物語られるものではない。

ここに立正安国の論理がある。日蓮聖人が立正安国論のなかで「謗法《ほうぼう》の人を禁じて正道の侶《ともがら》を重んぜば国中安穏にて天下泰平ならん」（原漢文、二二〇頁）と述べられ、さらに「四海万邦《ばんぽう》一切の四衆、その悪に施《ほどこ》さず、皆この善に帰せば何《いか》なる難《なん》か竝《なら》び起り、何なる災《わざわい》か競《きそ》い来らん」（原漢文、二二四頁）

またそれ故に、三度に及ぶ国諫が行なわれたのである。撰時抄のなかで「余に三度の功名あり」（一〇五三頁）と仰せられた文応元年七月十六日立正国論の時頼への献呈、文永八年九月十二日竜口法難のその日逮捕尋問された時、そして文永十一年四月八日佐渡赦免《しゃめんと》後、鎌倉幕府の質問をうけた時である。そして礼記《らいき》の「三度諫《いさ》めて聴《き》かれずば、則《すなわ》ちこれを去る」という例にならい、身延に入山されたのである。

立正安国、知法思国《ちほうしこく》こそ、日蓮聖人が生涯をかけた命題であったのである。

## ⑧⑨ 法華経《ほけきよう》に入《い》りぬれば唯《ただ》一人《ひとり》の身《み》、一人《ひとり》の心《こころ》なり。

（千日尼御返事《せんにちあまごへんじ》、一七六〇頁）

この御書も引つづき弘安三年（聖人五十九歳）七月一日、阿仏房の遺子、藤九郎守綱《とうくろうもりつな》が遙々佐渡の島から父の墓にまいるため、身延の山に登ったのに托し、阿仏房の妻（第五十三話、第七十七話参照）千日尼に送られたものである。方便品の「若し法を聞く者在らば、一として成仏せざるなし」の文によって、法華経を信ずる者必ず成仏することを説き、故阿仏房も霊山《りようぜん》の宝塔の中で釈迦、多宝の二仏に対面して東向きにおられる。もしそれが虚妄《こもう》ならば、法華経が虚妄である。しかしそのようなことは決してない、と千日尼を慰めておられる。そして藤九郎守綱《とうくろうもりつな》が去年七月二日父の舎利《しやり》を頸《くび》にかけ、またこのたび七月一日身延に参って父の墓を詣でている。まことに追孝の志の深いものであると子をほめ、母を慰めておられる。

わけて千日尼の胸中を推察しお慰めになっている一節は文章流麗で一読涙を禁じ得ないものがある。いまその一節をあげると、

「さては男《おとこ》は柱の如し、女はなかわ（桁《けた》）の如し。男は足の如し、女人は身《み》（身体）の如し。

男は羽《はね》の如し、女は身《み》のごとし。羽《はね》と身《み》と別々《べちべち》になりなば、何をもってか飛ぶべき。柱倒《たお》れなば、なかわ（桁）地に堕《お》ちなん。家に男なければ、人の魂《たましい》なきが如し。公事《くうじ》（雑税や夫役、或いは訴訟）を誰にか言《い》い合《あ》わせん（相談する）。よき物をば誰に養《やし》なうべき（おいしいものを誰にたべさせよう）。一日二日他外《たがい》（外出）しをだにも覚束《おぼつか》なく思いしに、去年《こぞ》の三月の二十一日（阿仏房死去の日）に別れにしが、去年《こぞ》も（一年中）待《ま》ちくらせども見《まみ》ゆる事なし。今年もすでに七月《ななつき》になりぬ。たとい我《われ》こそ来《きた》らずとも、いかに音信《おとづれ》はなかるらん。散りし花も又咲きぬ。落ちし菓《このみ》も又なりぬ。春の風もかわらず、秋の景色《けしき》も去年《こぞ》の如し。いかにこの一事のみ（阿仏房の死）かわりゆきて、本《もと》のごとくなかるらん。月は入りて又出でぬ、雲は消えて又来《きた》る。この人々《ひとびと》の出《い》でかえらぬ事こそ（人間は死んでかえらぬ）天も恨めしく、地も嘆かしく候え」とある。千日尼の心になり切っての慰めのことばである。

○

さてここにあげた一文である。これはさきに言った法華経方便品の「一として成仏せざるなし」の文につき、一人もかけず仏になるということを言った文だが、

「この世のなかに生きとし生けるもの、一人一人その顔がちがうように心もそれぞれ別である。

あるものは花を愛し、あるものは月を愛し、酢《す》っぱいものの好きな人もあれば、苦《にが》いのが好きだという人もある。そうかと思うと小さいのが好きだという人があるかと思うと、いや大きなのが好きだという人もある。善が好きだ、いや悪が好きだと、それはそれは千人千様、まことにまちまちである。だがそれほど千差万別の人間だが、これが一たん法華経の信仰に入ってしまえば、九界《くかい》だ、六道《ろくどう》だのという区別はすべてこれなくなって、みなこれ仏の体、仏の心一つになってしまうのである」（取意）という意である。

つまり法華経の信仰に入るものは無一不成仏《むいちふじょうぶつ》、すべてみなこれ仏、ということになり、一心一体となるということを説かれたものである。

⑨⓪ 我《わ》が身《み》は藤《ふじ》のごとくなれども、法華経《ほけきょう》の松《まつ》にかかりて妙覚《みょうがく》の山《やま》にものぼりなん。

（盂蘭盆御書《うらぼんごしょ》、一七七六頁）

この御書の御真蹟は京都妙覚寺《みょうかくじ》にあるが、七月十三日とのみあり、古来建治三年、弘安二年、弘安三年と異説がある。定本遺文は弘安三年とする。日蓮聖人の中老僧の一人、治部房日位《じぶぼうにちい》上人の祖母に与えられた御書で、供物をささげたお礼によせて、折柄七月のこと、盂蘭盆《うらぼん》の由来を述べられ、法華経を信仰する治部房を孫に持つ幸せを述べておられる。

治部房《じぶぼう》は一節に駿河国庵原郡《いはらぐん》南条平七郎の子という。初め天台宗で出家し、四十九院に在住。弘安元年改宗して六老僧の一人、日持《にちじ》上人に師事、日位《にちい》と改めた。しかし四十九院は岩本実相寺《じっそうじ》の支院で、実相寺厳誉《げんよ》は日興、日持、日源ら法華教徒を実相寺から追い出したので、四十九院に拠《よ》ったが、ここも実相寺の支院であるため日位もふくめて追い出されるにいたった。弘安元年三月の「四十九院申状《もうしじょう》」はこれに対し日興《にっこう》上人らが抗議されたものである。日位はその後、有度《うど》郡《ぐん》池田の天台宗村松海上寺《かいじょうじ》の僧と法論、破折《はしゃく》、僧は日位の学徳に服し日受《にちじゅ》と改め寺を法華道場として師に捧げたという。池田本覚寺には日位《にちい》の自筆の「御葬送日記《ごそうそうにっき》」「御遺物帳《ごいもつちょう》」等がある。

さてこの御書にはさきにも言うように、盂蘭盆《うらぼん》の由来が述べられている。

釈尊の十大弟子の一人、目連尊者《もくれんそんじゃ》は神通《じんづう》第一として知られた人である。その母が「慳貪《けんどん》(おしみ、むさぼる)」の罪で餓鬼道《がきどう》におちていたのを救ったというのが盂蘭盆《うらぼん》の起りである。

目連尊者《もくれんそんじゃ》が修行のすえ、阿羅漢《あらかん》（小乗のさとり）を得て、天眼《てんげん》をもって亡《な》き母の姿を見れば、餓鬼道《がきどう》におちているのを見た。そこで目連尊者《もくれんそんじゃ》は大神通《だいじんづう》を現じて「たべもの」を送られたが、いよいよ母が口にしようとするとその「たべもの」は火となって燃えあがり、驚いて水をかけられると、その水は薪《たきぎ》となっていよいよ燃えあがったという。そこで自分の神通力《じんづうりき》ではかなわないと、仏に嘆いて申されたところ、仏は汝の母の罪は深い、とても汝一人の力ではどうにもできない。そこで、夏安居《げあんご》（インドで雨期の定住生活）の終る七月十五日に十方の聖僧を集めて百味《ひゃくみ》の飲食《おんじき》（さまざまなおいしい食物）を供養《くよう》せよ、と教えられたので、その通りしたところ母の苦は脱《のが》れることが出来たという。以来七月十五日を盂蘭盆《うらぼん》とするのである（以上盂蘭盆経による）。

目連尊者はもと小乗の阿羅漢《あらかん》であったが法華経授記品《じゅきほん》第六において授記《じゅき》（成仏の予言）をうけ多摩羅跋栴檀香如来《たまらばせんだんこうにょらい》となられ、目連尊者もその父母も共に仏になられた。

このことから考えてみるに、貴女《あなた》には治部房《じぶぼう》という孫がある。無戒、無智ではあるが、法華経の行者である。むかしから藤は松にかかって高くのぼり、鶴は羽にたよって万里をかける。いずれも自力ではない。治部房《じぶぼう》もまたそうである。自身は藤のようなもので、自分だけでは何ともならないが法華経という松の力をかりて妙覚《みょうがく》（仏のさとり）の山に登ることであろう。「此女人《このにょにん》（治部房の祖母）は孫を法華経の行者となして、導《みちび》かれさせ給うべし」と結ばれている。

⑨①人《ひと》は生《うま》れて死《し》するならいとは、智者《ちしや》も愚者《ぐしや》も上下一同《じようげいちどう》に知《し》りて候《そうら》えば、始《はじ》めて嘆《なげ》くべし驚《おどろ》くべしとはおぼえぬよし、人《ひと》にも教《おし》え候《そうら》えども、時《とき》にあたりて夢《ゆめ》か幻《まぼろし》かいまだわきまえがたく候《そうろう》。
（上野殿後家尼御前御書《うえのどのごけあまごぜんごしよ》、一七九三頁）

弘安三年九月六日、富士上野の南条兵衛七郎《なんじようひようえしちろう》の妻、南条時光《ときみつ》の母に対して、時光の弟七郎五郎が十六歳の若さでなくなったとの報せにこたえて、その母に慰めのお便りをしたためられたものである。真蹟は大石寺にある。
主人南条兵衛七郎《なんじようひようえしちろう》は嫡子《ちやくし》の時光《ときみつ》と懐妊《かいにん》中の七郎五郎を残して文永二年（聖人四十四歳）なくなっており、文永の末年には時光が亡父の跡をついで富士上野の郷を領していて上野殿とよばれている。聖人身延入山後、母子ともども熱烈な信仰に入り、わけて弘安二年十月の熱原法難《あつはらほうなん》には幕府の弾圧をうけたが毅然《きぜん》として動ずることなく、危険をおかして同信の人々を援護し、励ましている。

ところがその翌弘安三年、時光の弟七郎五郎が十六歳の若さでなくなった。母の嘆きはいかばかりであろう。老いて幼い子を失った母の嘆きを心から同情してつづられた短いこの一文、人の世の母の嘆きを慰めるところ大なるものがあろう。

文意は読んで字の如くである。私はこの世の中で最も悲痛な体験とは、子を失った母の嘆きであると思う。わけて主人をなくし、二人の子を育ててきた老いたる母となれば、ひとしおであろう。

人は生れて死するならい、今さら改めて言うまでもないこと、智者も愚者も、誰もが知っていることで改めて嘆き驚くことではないと自分にも言いきかし、人にも教えてはいても、「時にあたりて」いざ、当面してみると、痛恨《つうこん》そのおくところを知らずである。

早く夫に別れはしたが、いい子供があってそれが何よりの生甲斐《いきがい》であったろうに。またわけて容貌《ようぼう》も人にすぐれ、いかにも賢《さか》しそうで、よその人も言葉動作がはきはきして、すがすがしく見ていたのに、あえなく、なくなってしまうとは、悔《くや》みのことばもありません、と。追伸《ついしん》に、今は亡き父君とともに霊山浄土《りょうぜんじょうど》で手をとりあって喜んでいらっしゃるだろう、とある。

親子代々、法華経の信仰に熱心だっただけに日蓮聖人の御心情また察するに余りある。

**92 足代《あじろ》と申《もう》すは一切経《いっさいきょう》なり。大塔《だいとう》と申《もう》すは法華経《ほけきょう》なり。（略）足代大切《あじろたいせつ》なれども大塔《だいとう》をくみあげぬれば、足代《あじろ》を切落《きりおと》すなり。**

（上野殿母御前御返事《うえのどのははごぜんごへんじ》、一八一二頁）

弘安三年十月二十四日、第九十一話で述べたように、南条七郎五郎が十六歳の若さでなくなった。その四十九日忌の供養に種々のものをささげられたお礼によせて、その母尼に法門申され、また慰めの言葉を述べられている。真蹟断簡が富士久遠寺、北山本門寺にある。

種々の御供養に対する謝礼についで諸経中最第一《さいだいいち》の法華経を信じられた故七郎五郎殿は死出《しで》の山《やま》、三途《さんず》の河《かわ》を越される時、煩悩《ぼんのう》の山賊や罪業《ざいごう》の海賊を、無量義経《むりょうぎきょう》の「四十余年未顕真実《しじゅうよねんみけんしんじつ》」の文を、御供《おんとも》の兵士《つわもの》として霊山浄土《りょうぜんじょうど》へ参られるだろうと述べ、故七郎五郎殿は年歯《としは》もゆかぬのに南無妙法蓮華経と唱えられて仏になられた。だから我が子恋しくば、お題目を唱え、主人、子供と共に霊山《りょうぜん》に生《うま》れるよう願われるがよい、と。以下輪陀王《りんだおう》の故事《こじ》を引き、重ねて霊山往詣《りょうぜんおうけい》をすすめられている。

なかで法華経と諸経の関係を述べられた一節がここにあげた一文である。

足代《あじろ》、つまり足場《あしば》である。一つの大塔を建てるためには、まず足場をくむ。そうして大塔が完成すれば、足場をはずすのである。

方便の教である阿弥陀経《あみだきょう》、大日経《だいにちきょう》、あるいは阿含経《あごんぎょう》等はこの足場で、大塔とは法華経である。足場はもちろん大塔を建てるには必要だが、大塔を忘れて足場を拝む人はあるまい。まさに方便教

法華経方便品終りの偈に「正直《しょうじき》に方便《ほうべん》を捨《す》てただ無上道《むじょうどう》のみを説く」とある。

の足場を捨てて、大塔の無上道の法華経を信じなければならない、と戒《いまし》められている。

この御書の終りに近く、老いたる母を慰めんための文は、またまことに流麗《りゅうれい》、聞くものの心

を打たずにはおかない。そのおわりに、

「老《お》いたる母はとどまりて、若き子は去《さ》りぬ。なさけなかりける無常《むじょう》かな。無常かな。」とある。

老いたる母への至情あふれた、古今の名文ではなかろうか。

## ⑨③ 仏《ほとけ》にやすやすとなる事《こと》の候《そうろう》ぞ。教《おし》えまいらせ候《そうら》わん。

（上野殿御返事《うえのどのごへんじ》、一八二八頁）

弘安三年暮れもおしつまった十二月二十七日、第九十一、第九十二話にも説き及んだ富士上野の南条時光《なんじょうときみつ》が年末に際し、銭一貫文《ぜにいっかんもん》を送ったお礼によせて述べられたもの。真蹟はないが大石寺に日興上人《にっこうしょうにん》の写《うつし》があり、古来偽書説はない、と。

ここでは布施《ふせ》の徳を述べられているのだが冒頭に「あなたに仏道の志あれば申すので、欲深き御房《ごぼう》と思ってはいけない」とただし書されているのはおもしろい。布施の徳をすすめれば日蓮聖人は布施される側にあるのでこう言われたのであろう。

金色王《こんじきおう》の物語が述べられている。仏陀の前生《ぜんしょう》物語、つまり本生譚《ほんしょうたん》で、金色王経《こんじきおうきょう》（大正蔵経三巻）にあり、また菩薩本行経《ぼさつほんぎょうきょう》巻上（大正蔵経三巻）にも類似《るいじ》の物語が載《の》せられてある。

釈尊の因位修行《いんいしゅぎょう》の姿。金色王経《こんじきおうきょう》に説かれた過去世の国王。人格者であり、しかも非常に裕福であった。商人や人民の税金や賦役《ふえき》を免《めん》じて徳政《とくせい》を行い、長い間安穏に国を治めた。ところが悪星が出現して十二年の間全く雨が降らず、人民は悉く飢《う》えて餓死《がし》する者もたくさん出た。そこで王は国中の穀物をすべて集め、大きな倉庫に貯蔵し、自分をはじめとする全人民に食べものを均等《きんとう》に分配した。

するとそこに過去四十劫のあいだ菩薩の行を積んだ辟支仏《ひゃくしぶつ》があらわれ、王のところにやってきて一食の供養《くよう》を求めた。王は自分に残された一食分の飯《めし》を供養《くよう》した。その功徳によって翌日から七日間、種々の穀物が降り、またそれ以後七日ごとに、衣、食、住の必需品や七宝まで降りそそぎ、人民は長い間、貧窮《ひんきゅう》からまぬがれた、というのである。

ところがこの御書では少しちがっていて、辟支仏《ひゃくしぶつ》は出現しない。

すっかり均分に配ってしまってあと米五升残っていた。臣下はこれは王さまの供御料《くごりょう》ですといったが、それもみんな配ってしまって「私は一切衆生の飢《う》えをしのぐため、飢死《がし》いたします」と天に向って言われたところ、天から甘露《かんろ》の雨が降ってきて、その雨に手をふれ、顔にかかった人は、皆食にみちて、一国の万民は一瞬《いっしゅん》にして生命《いのち》よみがえったと書かれている。

いずれも布施《ふせ》の功徳《くどく》を述べられたものであるが、法華経の行者日蓮が身延の山中で雪にせめられ、食もとぼしかろうと銭《ぜに》を送られたあなたは、この金色王《こんじきおう》さながらである、とお礼をこめて讃《ほ》められている。

## ㊾ 一切衆生《いっさいしゅじょう》の同一《どういつ》の苦《く》は悉《ことごと》くこれ日蓮一人《にちれんいちにん》の苦《く》と申《もう》すべし。

(諫暁八幡抄《かんぎょうはちまんしょう》、一八四七頁)

弘安三年（聖人五十九歳）十二月の撰述で、同年十一月十四日鎌倉八幡宮が炎上《えんじょう》したのに関し八幡大菩薩に対する諫暁《かんぎょう》（いさめ、さとすこと）のために書かれたもので、真蹟は大石寺にある。

この年、蒙古国は日本入寇《にゅうこう》の準備を終え、幕府は防備に総力をあげている矢先に、鎌倉鶴岡《つるがおか》八幡宮が炎上し、民心の動揺は激しかった。そうした切迫した状況のもとで書かれた日蓮聖人晩年の大作と言える。特定の人に与えられたものでなく、門下一般を対象に撰述されたものであることは末尾にある「各々我弟子等、はげませ給え、はげませ給え」との言葉によって知られる。

また八幡大菩薩は釈尊の垂迹《すいじゃく》である。また応神天皇《おうじんてんのう》であると明記されている点、後の法華神道の基盤となったものである。

前半は文字通り「諫暁《かんぎょう》」であって、日本国を救わんとする「正法」法華経の行者日蓮を迫害する鎌倉幕府を罰しないで、かえってこれを保護する科によって梵天《ぼんてん》、帝釈《たいしゃく》、日天《にってん》、月天《がってん》が八幡大菩薩に罰を与えたのが、今回の八幡宮炎上である。だから速やかに「正法」法華経の行者を守護されよ、というのである。

これに対して後半は、釈尊の垂迹《すいじゃく》である八幡大菩薩は、謗法《ほうぼう》充満して正法の法味を嘗《な》められないのを遺憾《いかん》として、八幡宮を炎上《えんじょう》して天上（天に登ってしまわれること）せられた。しかし八幡大菩薩は「正直の頭《こうべ》に栖《す》みたもう」のであるから法華経の行者を守護され、仏法は日が東から出でて西を照らすように漢土《かんど》（中国）、天竺《てんじく》（インド）を照らすであろう、と述べられてある。

ここで思いあわされるのは種種御振舞御書《しゆじゆおんふるまいごしよ》（建治元年、聖人五十四歳）の一節である。

「いかに八幡大菩薩はまことの神か。和気清丸《きよまろ》が頸《くび》をはねられようとしたときは長さ一丈の月となって顕われたまい、伝教大師が法華経を講じたもうたときは、むらさきの袈裟《けさ》を布施《ふせ》としてさずけられた。

今、日蓮は日本第一の法華経の行者である。そのうえ、身に一分のあやまちもない。日本国の一切衆生が法華経をそしって無間地獄《むげんじごく》に堕《お》ちようとしているのを助けるために申した法門である。また大蒙古国よりこの国を攻めるならば、天照大神、正八幡とても安穏でいられようか。そのうえ釈迦仏が法華経を説かれたとき、多宝仏《たほうぶつ》、十方の諸仏、菩薩が集って、日と日と、月と月、星と星と、鏡と鏡とをならべたごとくになったとき、無量の諸天ならびに天竺《てんじく》、漢土《かんど》、日本等の善人、聖人が集ったとき、おのおの、法華経の行者を疎略《そりやく》にすまいとの誓状《せいじよう》を書けよと命ぜられ、一一に御誓状を立てられたではないか。してみれば日蓮が申すまでもない。急ぎ急ぎ、誓状に書かれた昔の誓願をとげられるべきであるのに、どうしてここにお出ましでないのか。日蓮、今夜頸《くび》斬《き》られて、霊山浄土《りようぜんじようど》へ参ったときは、まず天照大神、正八幡こそ誓いを果たさぬ神である、と名を指して教主釈尊に申し上げるぞ。心苦しいと思うならば、急ぎ急ぎおんはからいあるべし。」

（紀野一義訳）

諫暁八幡鈔《かんぎょうはちまんしょう》の要旨もここにある。

そこでさきに述べた前半の諫暁《かんぎょう》の部分のおわりに、ここにあげた一節が述べられている。なおこの「同一の苦」とは定本遺文によるが、霊艮閣版《りょうごんかくばん》遺文、高祖遺文録ほかでは「一切の苦を受ける」となっている。この方が筋が通るように思える。

涅槃経迦葉菩薩品《ねはんぎょうかしょうぼさつほん》に「一切衆生、異《い》の苦を受くるは、悉くこれ如来一人の苦なり」とある。異《い》の苦、とは人々の因縁果報によって種々異なれる苦をいう。この涅槃経《ねはんぎょう》の文をうけて日蓮聖人は「一切衆生の一切の苦を受くるは悉くこれ日蓮一人の苦なり」と仰せられたのである。言うまでもなくここでは、謗法《ほうぼう》の教を信じて地獄に堕《お》ちる苦をさして、これを救うために「正法」法華経の弘通に生涯をかけられたことをさしておられる。

## ⑮ 既《すで》に一期《いちご》、終《おわ》りになりぬべし。

（八幡宮造営事《はちまんぐうぞうえいのこと》、一八六七頁）

弘安四年（聖人六十歳）五月二十六日、大夫志《たゆうさかん》、兵衛志《ひょうえさかん》、すなわち池上宗仲《むねなか》、宗長《むねなが》の兄弟が鎌倉八幡宮造営の工事にあたるべきであったのに（父の跡をついで作事奉行《さくじぶぎょう》）はずされたのにつき、これを慰め、また一方では訓誡されたものである。

まず世法の立場からは二代（父と兄弟）にわたって主君に仕えた身であるから、たとえ一度くらい違約《いやく》があろうとも怨《うら》んではならないと教え、さらに召されても一度は辞退するのが賢人の道であるとさとされ、さらに仏法の上からは八幡宮炎上は一国謗法《ほうぼう》の故に諸天善神に捨てられたのであり、根本の謗法《ほうぼう》を改めず、八幡宮を造営しても意味がない。また蒙古が攻めてきたとき世間の人は、八幡大菩薩の本地は阿弥陀仏と信じているから、念仏無間《ねんぶつむげん》を説く日蓮の弟子である池上兄弟が建てたから諸天善神が用いず、ために難をうけたのだと非難するにちがいない。天がそれを知って池上兄弟を造営からはずしたのであるから、むしろ喜ぶべきだと述べ、最後に日蓮の申すこと少しでも違《たが》えるならば悪道に堕《お》ちるであろう。返す返すも悪道に堕《お》ちて法華経を怨《うら》むことのないよう、と戒められている。

この一書の冒頭に、自身の病状を述べられたのがここに掲げた一文である。

ここ七、八年、年々衰弱してきたが、それでもまず命ながらえてきた。しかし今年正月からいよいよ衰え、「既に一期《いちご》、終りになりぬべし」いよいよ臨終も近づいてきた。そのあとに、年すでに六十、たとえ万一今年は無事でも、一両年と長らえることはおぼつかない、と仰せられている。

ところが池上兄弟からの報せは重大なことであるから「しかりと申せども此事大事《このことだいじ》なれば苦《く》を忍《しの》んで申《もう》す」とて、さきにあげた内容を述べ、慰めと共に訓誡を与えられたものである。

## ㊻ 子《こ》と倶《とも》に霊山浄土《りょうぜんじょうど》へ参《まい》り合《あわ》せ給《たま》わん事《こと》、疑《うたが》いなかるべし。

(光日上人御返事《こうにちしょうにんごへんじ》、一八七九頁)

この消息を与えられた光日上人とは、第五十六話に述べた光日房《こうにちぼう》のこと。弘安四年八月八日の書で、真蹟はかつて身延にあった。

光日房は本書中にあるように、子の弥四郎《やしろう》の勧めで信仰に入り、佐渡、身延に供養の品を送っている。また第五十六話にもふれたように種種御振舞御書《しゅじゅおんふるまいごしょ》を賜った人で、一説には六老僧日向上《にこうしょう》人《にん》の母ともいう。

まず無間地獄《むげんじごく》の様相を詳しく述べ、日本国の一切衆生は皆地獄に堕《お》ちるであろうが、誰一人として地獄に堕《お》ちるとは思っていない。しかし三宝を誹謗《ひぼう》した大科《たいか》によって、現生には修羅道《しゅらどう》と化し、未来は無間地獄《むげんじごく》に堕《お》つること必定である。というのも、弘法《こうぼう》、慈覚《じかく》、智証《ちしょう》、さらには達磨《だるま》、善導《ぜんどう》、律僧《りっそう》等の謗法《ほうぼう》と、これらを信じた国主の科《とが》によるものである。

しかるに光日房は故弥四郎殿の勧めで法華経の信仰に入られた。その功徳はむなしからず、必ずや子弥四郎殿とともども霊山浄土《りょうぜんじょうど》に参られるであろう。

ここで法華信仰にまつわる親子の話がいくつかあげられている。

烏竜《おりゅう》の話である。これは法華伝記巻八に載《の》せるところである。烏竜《おりゅう》とは中国古代の書家で、子の遺竜《いりゅう》と共に書家として知られる。父烏竜《おりゅう》は道教を信仰して仏教をきらい、仏典の書写をしなかった。臨終の時、仏典特に法華経の書写をしてはならないと遺言したが、そのため無間地獄《むげんじごく》に堕《お》ちた。遺竜《いりゅう》は父の遺言にしたがって仏典の書写をしないと誓ったが、領主司馬氏の命によって法華経八巻の題号六十四字だけを書写した。その夜、夢で六十四の文字が六十四の仏となって、父烏竜《おりゅう》を地獄から救う姿を見た、というのである。

次には法華経妙荘厳王本事品《みょうしょうごんのうほんじほん》の、妙荘厳王《みょうしょうごんのう》の話。もと外道を信じていた王は、浄徳夫人と、子の浄蔵、浄眼の勧めで雲雷音宿王華智仏《うんらいおんしゅくおうけちぶつ》のもとで精進、修行し、法華の会座で華徳《けとく》菩薩として釈迦の説法を助けることが出来たという話。

いずれも、子の導きで仏の道に入った話で、さきにもいうように、子の弥四郎のみちびきで法華信仰に入った光日房によせられたもの。そして最後に、もう一度「母と子と倶《とも》に霊山浄土へ参り給うべし」とある。

⑰ 春《はる》の始《はじ》めの御悦《おんよろこ》びは月《つき》の満《み》つるが如《ごと》く、潮《しお》のさすが如《ごと》く、草《くさ》のかこむが如《ごと》く、雨《あめ》の降《ふ》るが如《ごと》しと思食《おぼしめ》すべし。

（四条金吾殿御返事《しじょうきんごどののごへんじ》、一九〇六頁）

弘安五年（聖人六十一歳）正月七日、施主《せしゅ》が釈迦仏誕生の日によせて日蓮聖人に供養の品（餅と清酒）を送ったのに応《こた》えられたものである。名宛が「人人御返事」とあるが、古来四条金吾に宛てられたものとする。一説には上野時光講中ともいう。

八日は釈尊降誕の日であり、大智度論《だいちどろん》や華厳経《けごんぎょう》、そして太子瑞応本起経《たいしずいおうほんぎきょう》等に「この日には三十二の瑞相《ずいこう》がある」といわれ、吉事には八日を用いるものであると述べられたあと、世の人々は阿弥陀如来や大日如来を仰いで、肝心の釈尊のことを忘れてしまっているのに、あなた方は釈尊と、その出世《しゅっせ》の本懐《ほんがい》である法華経とを信仰になり、八日には講を開いておられるばかりでなく、日蓮にまで供養して下さるのは何と尊いことであろう、と感謝を述べられている。

この御書のはじめに、年頭のあいさつを述べられたのがここに掲げた一文である。同じ年正月二十日の春初御消息《はるのはじめごしょうそく》にも

「春の初の御悦び、木に花の咲くが如く、山に草の生《お》い出づるが如し、と我も人も悦び入って候」（一九〇八頁）

とあり、定本遺文に新しく加えられた同年正月の「春《はる》の始御書《はじめごしょ》」には、

「春の始の御悦び、花のごとくひらけ、月のごとくあきらかにわたらせ給うべし」（一九〇九頁）とある。

文永十二年上野殿に送られた春之祝御書《はるのいわいごしょ》には、すでに正月も下旬となっていたのであろうか

「春の祝はすでに事ふり候ぬ」とあるだけである。すでに前年「すでに一期《いちご》、終りになりぬべし」と仰せられていた年は事なくすんだ翌弘安五年、結果とし、日蓮聖人入滅の年の正月に春のはじめのごあいさつが三つも並んでいるのは感ふかいものがある。

## ⑱ 命《いのち》はかぎりある事《こと》なり、すこしもおどろく事《こと》なかれ。

（法華《ほっけ》証明鈔《しょうみょうしょう》、一九一二頁）

弘安五年（聖人六十一歳）二月二十八日、伯耆房日興上人《ほうきぼうにっこうしょうにん》を通じ南条時光に与えられた御書で、真蹟は西山本門寺ほかにある。

末代悪世に法華経を信ずるものは、過去に十万億の仏を供養した人で功徳甚多《くどくじんた》であると釈迦、多宝、分身の諸仏の三仏が証明されたものである。だから上野殿の病は、ついに仏になる人であるから、天魔がとりついておどそうとしているのである。だが「還《かえ》って本人に著《つ》く」とて天魔自身劔をさかさに自らに向い、あるいは自からの放った大火に焼かれるか、そして無間地獄《むげんじごく》におち、あなたの病はたちまちなおるであろう、と説かれている。

だからこの御書を「除病延命鈔《じょびょうえんめいしょう》」「上野死活鈔《しかつしょう》」「上野七郎二郎御書」「法華行者鈔」また略して「死活鈔」ともよばれている。

すでに仏になるべき上野殿に天魔がとりついておどしているのであろう、という一節のあとに「命はかぎりある事なり、すこしもおどろく事なかれ」と訓誡されているのである。

何気なく、すっと書きくだされたようなこの一言であるが、数々の法難、文字でつくせぬ万難を自ら越えてこられた日蓮聖人ならでは、こうあっさりとは出てこないことばである。南宋の禅僧で来日した無学祖元《むがくそげん》の逸話《いつわ》に、南宋に元の兵が攻めてきて、祖元《そげん》の首に刀をあて、この刀が目に入らんのか、とわめくと、祖元は「刀をおそれぬ人間が一人ここにおるのがわかんのか」と叱咤《しった》したため、元兵はおそれて剣をすてたという。

短かい言葉であるが、死身弘法《ししんぐほう》の生涯を生きられた日蓮聖人の面目躍如《めんぼくやくじょ》たるものがある。

## ⑲ いづくにて死《し》に候《そうろう》とも、墓《はか》をば身延《みのぶ》の沢《さわ》にせさせ候《そうろう》べく候《そうろう》。

（波木井殿御報《はぎりどのごほう》、一九二四頁）

「既に一期《いちご》、終りになりぬべし」（八幡宮造営事）と仰せられたように病は次第に重くなっていかれた。

身延入山以来、日蓮聖人は一歩も山を出られなかった。

「去《いん》ぬる文永十一年五月十二日相州鎌倉を出でて六月十七日より此深山《このみやま》に居住して門《かど》一町も出ず。既に五箇年をへたり」（妙法比丘尼御返事、一五六二頁）

「いかなる主上女院の御意たりと云えども、山の内を出でて諸宗の学者に法門あるべからざる由仰せ候」（教行証御書、一四八七頁）

「なにとなく此山を出でず候」（報恩鈔送文、一二五〇頁）

「さては去《いん》ぬる文永十一年六月十七日この山に入り候て今年十二月八日にいたるまで、此山出《い》づる事一歩も候わず」（上野殿母尼御前御返事、一八九六頁）

かくまで身延の山を出られなかった日蓮聖人だが、弟子檀那の勧めのままに常陸《ひたち》の温泉へ病を養わるることとなり、波木井氏から贈られた栗鹿毛《くりかげ》の馬に乗り、波木井の子息（公達《きうだち》）に守られて身延を出られたのが、弘安五年九月八日であった。

日蓮聖人の身延下山の道すじについて『日蓮の旅』（新月通正著、朝日ソノラマ刊）は次のように述べている。（同書二五〇頁）

「身延を出た日蓮は、下山（身延町）から富士川の右岸を北上して鰍沢《かじかざわ》（南巨摩郡鰍沢町）に入った。大井庄司入道は日蓮の高弟日興の縁つづきである。富士川は鰍沢のやや上で笛吹川《ふえふきがわ》と釜《かま》無川《なしがわ》の二流を合わせているが、日蓮は笛吹川の左岸を東へ、甲府盆地の南端を横切って曽根《そね》（東八代郡中道町）から黒駒《くろこま》（同郡御坂町）の道をたどった。さらに鎌倉街道を南に上り、御坂峠《みさかとうげ》の難所を越えて河口（南都留郡河口湖町）へ下りた。河口湖畔船津から暮地（富士吉田市）へ抜け、山中湖の北岸を通って三国峠、明神峠を越え、富士東麓の竹ノ下（静岡県駿東郡小山町）に入っている。竹ノ下は身延入山のさい、泊った旧知の土地だ。日蓮は身延の入、下山の道筋で富士山を一周したことになる。

竹ノ下から足柄峠をこえ、関本《せきもと》（神奈川県南足柄市）を経て平塚に至る間は、入山時の逆コースをたどったであろう。平塚から東海道と別れて北上し、境川の東岸瀬谷《せだに》（横浜市瀬谷区）に出た。そして、東行し、多摩川の丸子の渡を経て池上の池上宗仲の館《やかた》に到着した」と。

武蔵国千束郷《むさしのくにせんぞくごう》、池上宗仲の邸につかれたのが九月十九日であった。早速日興上人が代筆して波木井実長《さねなが》あて、安着とお礼をこめた書状をしたためられたが、「所労《しょろう》（病気）のあいだ、はんぎょう（花押、かきはん）をくわえず候事、恐れ入り候」とある。御病気の上に、旅の疲れもあったことであろう。この日興上人代筆の真書が、かつて身延にあった。昭和定本遺文には、このあと、十月七日附の「波木井殿御書」（一九二五頁）があるが、御臨終をひかえた十月七日、しかも長文、そして日蓮花押とある。古来偽書説が多く、真書とは認めがたい。とすると、ここにあげた「波木井殿御報」こそ、四百余篇の日蓮聖人御遺文の最後をしめくくるものとなるのである。

私は御大会式の法座に招かれた時は、この御書を拝読することをならいとしている。そしてもはや晩秋の富士山麓を馬の背にゆられ、公達《きうだち》に守られていく日蓮聖人のお姿を思い浮べ万感胸に満つるものがある。日本の柱とならんと誓願された法華経の行者日蓮聖人、しかも背景は日本一の富士山、すでに頂は雪を掩うていたであろう一番美しい富士山、そして裾野は錦秋の野である。まさに一幅の名画を思わせる。遠ざかりゆく身延をどんな思いで眺めておられたことであろう。

文永十一年五月十七日、聖人五十三歳の時から、今、弘安五年九月八日まで、足かけ九年、正味八年半の身延の生活であった。

「日本国に衆多《あまた》もてあつこうて候《そうろう》身《み》を、九年まで御帰依候いぬる御こころざし申すばかりなく候えば、いづくにて死に候とも、墓をば身延の沢《さわ》にせさせ候べく候」

まさにそれは日蓮聖人の御真情であったと思う。

⑩ **栗鹿毛《くりかげ》の御馬《おんうま》はあまりおもしろくおぼえ候《そうろう》程《ほど》に、いつまでも失《うしな》うまじく候《そうろう》。**

(波木井殿御報《はぎりどのごほう》、一九二四頁)

さきにも言うように偽書説の多い波木井殿御書に「日蓮ひとつ志あり、十七日にして返る様に安房国にやりて旧里《ふるさと》を見せばやと思いて、時に六十一、弘安五年九月十日身延山を立ちて武蔵国千束郷池上《せんぞくのごう》に着きぬ」(一九三一頁)とある。日興上人代筆の真書波木井殿御報に、はっきり常陸《ひたち》の湯へ、とあるによってこれは後の人が日蓮聖人に托して考えたことであろうが、あるいは心の底にはそうした気持もあったであろうか。釈尊は晩年、マガダ国のラージャグリハ（王舎城）から、ガンジスをこえて、北へ、北へと進まれ、クシナーラで涅槃《ねはん》に入られるが、北へ、北へ、ということは、故郷カピラヴァストウに向っておられることとなり、どこか符合《ふごう》するものがあるように思うのは私だけであろうか。

さて、さきほどの波木井殿御報の後半は、波木井殿から贈られた栗鹿毛《くりかげ》の馬によせられた言葉である。

「あなたから贈られた栗鹿毛《くりかげ》の馬は趣《おもむき》があるのでいつまでも離したくありません。常陸《ひたち》の湯までひいていこうとは思うのですが、もし途中で人に盗《と》られるようなことがあってはと思い、また可哀そうにも思うので、湯から帰ってくるまで上総《かずさ》の藻《も》原殿《はらどの》にあずけておこうと思います。それにつけても知らぬ舎人《とねり》をつけては馬の世話もおぼつかなく思います。どうか帰りますまでこの舎人《とねり》をつけておきたいと思いますので何分にもよろしく。」

とある。紀野一義氏はその『日蓮』（日本の名著、中央公論社）の解説で、この一文について「藻《も》原殿《ばらどの》にあずけておく」という一節をとらえて、「おそらく日蓮は小湊、清澄にいたって父母と師の墓に詣で、北上して常陸《ひたち》の湯へ赴くつもりでいたので、藻原殿《もばらどの》に馬をあずけてゆく、などと言ったのである」（同書六三頁）と言っておられる。

それはさて、四百余篇の遺文のしめくくりともなった最後の消息で、一頭の栗鹿毛《くりかげ》の馬に愛情をよせられたこの言葉に、感動さえおぼえるのである。

日蓮聖人の硬《こう》と軟《なん》というか、二つの面がつねに交錯《こうさく》している。法華経の金言にのっとり呵責《かしゃく》謗法《ほうぼう》の剣をふるわれる正義の士日蓮聖人と、四条金吾や、また多くの女性に優にやさしく、時にはともに涙しておられたであろう日蓮聖人。その優にやさしい日蓮聖人が、一頭の馬によせられた愛情を私はこよなく、うれしく、また心あたたまる思いで拝読するのである。悉有仏性《しつうぶっしょう》、あらゆる生きものに及ぶ仏の慈悲ではなかろうか。

## 日蓮聖人の生涯と著作御書（本書所載）年譜

| 和暦 | 西暦 | 聖寿 | 事項 |
|---|---|---|---|
| 貞応元 | 一二二二 | 一 | 安房国長狭郡東条郷片海に出生。 |
| 天福元 | 一二三三 | 十二 | 天台宗寺院清澄寺に登る。 |
| 嘉禎三 | 一二三七 | 十六 | 道善坊を師として出家、是聖房と名のる。 |
| 建長五 | 一二五三 | 三十二 | 四・二八清澄山にて立教開宗。 |
| 文応元 | 一二六〇 | 三十九 | 『立正安国論』を北条時頼に上呈。 |
| 弘長元 | 一二六一 | 四十 | 五・一二伊豆伊東に配流。 |
| 〃二 | 一二六二 | 四十一 | 『顕謗法鈔』 |
| 〃三 | 一二六三 | 四十二 | 赦免(二・二二) |
| 文永三 | 一二六六 | 四十五 | 『法華題目鈔』 |
| 〃六 | 一二六九 | 四十八 | 『法門可被申様事』 |
| 〃八 | 一二七一 | 五十 | 九・一二竜口法難、つづいて佐渡流罪(塚原三昧堂)『転重軽受法門』『土籠御書』『佐渡御勘気鈔』 |
| 〃九 | 一二七二 | 五十一 | 二、『開目抄』夏、一の谷に移る。『生死一大事血脈鈔』『四条金吾殿御返事』『真言諸宗違目』 |
| 文永十 | 一二七三 | 五十二 | 四・二五『観心本尊抄』『諸法実相鈔』『富木殿御返事』『可責謗法滅罪鈔』『新 |

| | | | |
|---|---|---|---|
| | | | 尼御前御返事』『兄弟鈔』 |
| 〃十一 | 一二七四 | 五十三 | 二・二三赦免、五・一七身延入山、十一蒙古来襲。 |
| 建治元 | 一二七五 | 五十四 | 『撰時抄』『富木殿御返事』『可延定業御書』『種種御振舞御書』『さじき女房御返事』『妙一尼御前御消息』 |
| 〃二 | 一二七六 | 五十五 | 『報恩抄』『阿仏房御書』『富木尼御前御書』『忘持経事』『光日房御書』『曽谷殿御返事』『事理供養御書』『松野殿御返事』『妙密上人御消息』 |
| 〃三 | 一二七七 | 五十六 | 『日女御前御返事』『四条金吾殿御返事』『崇峻天皇御書』『曽谷入道殿御返事』『四信五品鈔』『四条金吾殿御返事』 |
| 弘安元 | 一二七八 | 五十七 | 『三沢鈔』『上野殿御返事』『檀越某御返事』『妙法尼御前御返事』『千日尼御前御返事』『妙法比丘尼御返事』『四条金吾殿御返事』『随自意御書』 |
| 〃二 | 一二七九 | 五十八 | 一〇・一七熱原法難。『曽谷殿御返事』『聖人御難事』『上野殿御返事』 |
| 〃三 | 一二八〇 | 五十九 | 『慈覚大師事』『妙一尼御前御返事』『諸経与法華経難易事』『千日尼御返事』『盂蘭盆御書』『上野殿後家尼御前御書』『上野殿母尼御前御書』『上野殿御返事』『諫暁八幡鈔』 |
| 〃四 | 一二八一 | 六十 | 六、蒙古襲来。『八幡宮造営事』『光日上人御返事』 |
| 〃五 | 一二八二 | 六十一 | 九、身延出山、一〇・一三池上宗仲邸にて没。『四条金吾殿御返事』『法華証明鈔』『波木井殿御報』 |

※御書の系年は昭和定本遺文による。

高 橋 勇 夫（たかはし・いさお）

大正９年３月11日、大阪市西成区現住所に生れる。旧制住吉中学（現住吉高校）を経て、東洋大学文学部仏教学科卒。兵役。戦後、昭和23年９月より大谷学園勤務。宗教・歴史担当。昭和39年９月より、昭和52年３月まで東大谷高等学校副校長。その後、大谷女子短期大学教授。平成10年遷化。

著　者『法華百話』『仏典百話』『自我偈講讃』『お守り法華経』『法華経のあらまし』他

日 蓮 百 話 新装版

| | |
|---|---|
| 1989年７月25日 | 初版第１刷発行 |
| 2016年10月21日 | 新版第１刷発行 |
| ©著　者 | 高 橋 勇 夫 |
| 発 行 者 | 稲 川 博 久 |
| 発 行 所 | 東 方 出 版㈱<br>大阪市天王寺区逢阪２－３－２<br>電話（06）6779－9571<br>FAX（06）6779－9573 |
| 装　幀 | 森本良成 |
| 印 刷 所 | 亜細亜印刷㈱ |

乱丁本・落丁本はお取替えいたします

ISBN978-4-86249-275-3